인류의
종말은
어떻게
오는가

인류의 종말은
어떻게 오는가

초판 1쇄 인쇄 2020년 2월 10일
초판 1쇄 발행 2020년 2월 13일

지은이 이철환
펴낸이 신현만, 전익균

총 괄 김기충
기 획 조양제
관 리 김영진, 정우진
디자인 김 정
마케팅 팀메이츠

펴낸곳 도서출판 새빛, 세이코리아
전 화 (02) 2203-1996   **팩스**(050) 4328-4393
출판문의 및 원고투고 이메일svedu@daum.net
등록번호제215-92-61832호   **등록일자**2010. 7. 12

값 15,000원
ISBN 978-89-92454-77-3(03300)

* 도서출판 새빛은 새빛에듀넷, 새빛북스, 에이원북스, 북클래스 브랜드를 운영하고 있습니다.
* 파본은 구입처에서 교환해 드리며, 관련 법령에 따라 환불해 드립니다.
  다만, 제품 훼손 시에는 환불이 불가능합니다.

이 도서의 국립중앙도서관 출판시도서목록(CIP)은 서지정보유통지원시스템 홈페이지
(http://seoji.nl.go.kr)와 국가자료공동목록시스템(http://www.nl.go.kr/kolisnet)에서 이용하
실 수 있습니다. (CIP제어번호: CIP2020002052)

인류사회와 지구촌을 지켜라!

인류의 종말은 ── 어떻게 오는가

이철환 지음

도서출판 새빛
AEVIT

종말, 익숙한 세계의 끝이자
새로움의 시작

세계는 지금 위험천만의 아슬아슬한 순간 속에서 하루하루를 보내고 있다. 지구촌 여기저기서 인류의 생명과 재산을 위협하는 다양한 모습의 대형 사건사고들이 연이어 일어나고 있기 때문이다. 물론 그 중에는 가공할 자연재해 현상도 없지 않지만 인간이 스스로 만들어낸 참담한 인재현상들이 대다수다. 오늘도 국제사회에서 벌어지고 있는 각종 테러와 전쟁, 경제사회 시스템의 붕괴, 생명공학과 인공지능 기술의 남용과 오작동 폐해 등이 바로 그것들이다. 더욱이 자연재해 현상마저도 지구온난화와 환경오염 등 인간의 탐욕과 이기심으로 인하여 빚어진 것들이 대부분이다. 이런 가운데 한동안 잠잠하던 지구 종말론이 또다시 슬며시 고개를 들고 있다.

우리가 살고 있는 지구가 멸망할 것이라는 '지구 종말론'은 2019년에도 찾아들었다. 이 예언에 의하면, 2019년 12월 21일부터 전 지구적인 차원에서 자연재해가 발생해서 2019년 12월 28일까지 지구가 완전한 대 격변을 맞이한다는 것이었다. 당시 예언의 근거는 2012년에 있었던 종말론과 동일하게 노스트라다무스의 예언과 마야의 달력이었다. 물론 실제 종말은 오지 않았고 예언은 헛소리로 끝났다.

사실 그동안 지구 종말론이 등장한 것은 한두 번이 아니었다. 그리고 그때마다 예언은 번번이 빗나갔다. 여전히 지구는 잘 돌아가고 있다. 그럼에도 사람들은 새로운 종말론이 나오면 또다시 솔깃해 하면서 귀를 기울인다. 원래 사람들이란 완벽하지 못한 존재이기에 뜻하지 않은 상황으로 현실이 나빠지게 되면 커다란 불안감을 가지게 된다. 그리고 이를 설명해줄 수 있는 나름대로의 이론이나, 책임을 져야 하는 무엇인가를 필요로 하게 된다. 이것이 결국 종말론과 음모론 등에 대해 관심을 갖게 되는 배경이라는 것이다.

종말은 우리에게 익숙한 세상의 끝이자 동시에 새로운 세계로의 이행이며, 새로운 삶과 사상, 그리고 존재방식의 시작이기도 하다. 다만, 많은 경우 비관적인 관점으로 쏠리는 경향을 보인다. 원래 종말론은 신학적 배경에서 만들어졌다. 다시 말해 종말론은 인류의 역사에서 마지막으로 일어날 사건이나 우주의 마지막에 대한 신학적 이론인 것이다. 이것이 점차 점성술이나 신비론 등과 맞물리면서 마치 사실인양 모양새를 갖춰나가기 시작했다.

한편, 종말론과 유사하거나 거의 동일한 개념으로 밀세론과 음모론도 자주 제기되고 있다. 종말론이 주로 유대교와 기독교 등 종교적 관점에서 비롯되고 있는 데 비해, 말세론은 정치적 위기나 도덕적 타락과 같은 인간의 행위 때문에 생겨나는 혼란상을 일컫는다. 한마디로 윤리와 도덕이 추락하면서 일어나는 사회적 퇴락현상이라고 할 수 있다. 음모론(陰謀論, conspiracy theory)이란 격동기나 혼란스러운 시기에 대형사건이 발생했지만 그 원인을 명확하게 설명하지 못할 때 유포되는 하나의 가설이다. 종교적 신비 사상과 뒤섞여 나타나면서 종말론에 힘을 더하고 있다.

우리가 살아가는 지구촌 사회가 복잡다기한 정치경제적 어려움과 위기를 겪으면서 종말론은 점차 그 영역을 더 확장해 나가게 되었다. 그 결과 단순한 종교나 예언의 영역을 넘어 전쟁과 테러, 기상이변과 자연재해, 그리고 과학기술적 측면에서도 지구는 종국적으로 멸망할 수밖에 없다는 가설이 나오고 있다. 여기에 이제는 도덕과 윤리의식이 희박해지면서 말세론까지 가세되어 종말론은 더 강력한 위세를 떨치고 있다. 실제로 만약 지구촌에 종말이 온다면, 그것은 종교적 관점에서의 종말이 아니라 오히려 과학기술과 기상이변 그리고 정치경제적 패권주의에 따른 분쟁 또는 윤리와 도덕의 타락에서 비롯될 공산이 더 크다.

이런 관점에서 나는 지구종말과 관련된 다양한 예언들을 살펴보고 만약 실제로 종말이 온다면 어디에서 올 것인지 깊이 생각해 보았다. 아울러 인류가 종말을 피할 방안은 정녕 무엇일까도 고민해 보았다. 이 책은 그동안 내가 연구와 고민한 끝에 얻어낸 결과를 과학과 기술 측면, 기상이변과 자연재해 측면, 국제사회의 정치경제적 측면, 그리고 도덕과 종교의 타락 측면 등으로 나누어서 전체 6개의 장으로 정리한 것이다.

이 책을 쓰면서 내가 얻은 결론은, 지구촌에 실제로 종말이 찾아올지 여부에 대해서는 아무도 알지 못한다는 것이다. 다만, 한 가지 확실한 것은 있다. 그것은 우리가 어떻게 살아가느냐에 따라 지구 종말이 올 수도 있고 아닐 수도 있다는 점이다. 또한 종말이 온다고 하더라도 그 시점을 앞당기거나 혹은 늦추는 것 역시 우리 인류의 몫이라는 것이다.

종말론이 인류에게 던지는 메시지는 다음과 같은 것이다.

우리가 살아가고 있는 그리고 후손에게 길이 물려줄 이 지구촌에 종말이 오지 않도록 하라!

지구를 지켜라, 그러기 위해 미래를 생각하고 이에 대한 사전 대비를 철저히 해나가라!

두 번 다시 돌아오지 않을 현재를 우리가 사랑하는 주변의 사람들과 함께 즐기며 행복하게 살아가라!

우리들도 이제 종말론을 무시만 할 게 아니라 이 메시지들을 곱씹어 볼 필요가 있지 않을까? 조금 더 알면 조금 더 다른 세계가 보이는 법이니까 말이다.

2020년 2월 **행복한 인류 미래를 꿈꾸며**

목차

머리말

05   종말, 익숙한 세계의 끝이자 새로움의 시작

| 1장 | 우리를 위협했던 다양한 종말론

13   종말론의 개념과 종류

20   아마겟돈과 휴거 종말론

25   노스트라다무스와 마야달력의 예언

32   세기말 사상과 Y2K 재앙 종말론

37   다시 불거지는 21세기 지구 종말론

| 2장 | 과학기술이 만든 종말, 인공지능과 생명공학 발전의 비극적 부메랑

47   특이점의 도래와 인공지능의 인간 지배

54   로봇의 반란과 킬러로봇의 탄생

61   빅브라더가 지배하는 통제된 세상

68   생명공학 발전에 따른 인구의 폭발

77   유전자 조작을 통한 괴물의 탄생과 복제인간의 출현

84   타임머신의 출현과 시간여행의 저주

91   UFO의 출현과 외계인의 침공 가능성

97   자원의 고갈과 자원전쟁 확산

| 3장 | 자연이 만든 종말, 기상이변과 자연재해의 대재앙

107   오존층의 파괴와 뜨거워지는 지구

114   바닷물 속으로 가라앉는 섬과 대륙

120   대기오염으로 숨을 쉴 수 없게 된 세상

126   자연생태계의 파괴와 생물의 멸종

132   인류가 무심코 버린 플라스틱과 쓰레기의 역습

137   '불의 고리'가 초래할 종말의 충격과 공포

143   운석 낙하와 소행성과의 지구 충돌

4장	인간이 만든 종말, 국제사회 패권다툼의 격화와 경제파탄
151	치열한 패권전쟁과 신 냉전체제
158	국가이기주의 심화와 네오나치즘의 출현
164	끊임없이 야기되는 심각한 민족갈등과 인종청소의 만행
171	갈수록 커지는 테러에 대한 공포
178	소득불균형과 양극화 심화로 인한 자본주의 체제 붕괴
183	연금 및 재정의 파탄으로 인한 국가부도
190	통화 및 환율전쟁으로 인한 금융 시스템 와해
198	보복관세와 무역전쟁의 확산

5장	종교와 도덕적 타락으로 인한 말세
207	갈등의 인류 역사, 문명충돌과 신 십자군 전쟁
214	끊임없는 종교적 갈등과 사이비 종교의 창궐
220	하나의 세계 통합, 프리메이슨과 일루미나티에 의한 세계 지배
225	종말에 둔감한 사람들, 윤리도덕의 타락과 모럴해저드 심화
230	소통과 배려의식이 실종된 냉담한 사회
235	거짓과 불신이 판치고 서로를 믿지 못하는 세상

6장	종말의 종말, 인류사회의 종말을 방지하기 위하여
243	종말론에 우리는 어떻게 대처해 나가야 할 것인가?
248	인간에게 도움이 되는 과학기술의 구현
253	자연에 순응하는 환경 친화적인 삶과 정책의 운용
258	인류의 공존 번영을 위한 견고한 국제협력과 상생경제 시스템 구축
263	종말을 막기 위한 기본 명제는 도덕성의 회복과 윤리의식의 강화

1장
우리를 위협했던
다양한 종말론

• 종말론의 개념과 종류

• 아마겟돈과 휴거 종말론

• 노스트라다무스와 마야달력의 예언

• 세기말 사상과 Y2K 재앙 종말론

• 다시 불거지는 21세기 지구 종말론

인 류 의 종 말 은 어 떻 게 오 는 가 ?

종말론의 개념과 종류

종말론(Eschatology)은 인류의 역사에서 마지막으로 일어날 사건이나 우주의 마지막에 대한 신학적 이론이다. 세계 거의 모든 종교에는 종말론적 주제가 나타난다. 종말론에 관한 가장 선명한 교리를 남긴 종교는 조로아스터교이다. 배화교로도 불리는 조로아스터교는 BC 6세기 자라투스트라가 창시한 종교로 오늘날의 이란 지역과 인도를 거점으로 퍼져나갔다. 창조신이자 유일신인 아후라 마즈다(Ahura Mazda)를 중심으로 선악의 세계가 구분되는데, 세계는 얼마 뒤 대화재로 소멸되고 선을 추종하는 자들만이 새 창조에 동참하기 위해 부활해서 심판의 다리를 건넌다는 것이다. 이러한 사상은 후대 유대교, 기독교, 그리고 이슬람교의 종말론 형성의 근간이 되었다.

한편, 대표적인 동양종교인 불교의 종말론은 모든 중생이 자신들의 과거 공덕에 따라 계속 태어난다는 윤회사상과 전생의 고

통으로부터 해탈하는 것에 대한 갈망으로 표현된다. 해탈은 열반 혹은 니르바나(nirvana)라는 영원한 평화의 상태에 도달함으로써 이루어진다. 힌두교도 존재 · 재탄생 · 고통의 영원한 순환으로부터의 해방을 주장하는데, 그 방법은 자신의 정신이 절대적이고 영원한 존재와 연합하여 일체가 되는 것이다.

그런데 그 어떤 종교보다도 종말사상이 가장 뚜렷한 것은 기독교일 것이다. 종말과 관련된 언약의 말씀은 구약성서와 신약성서 곳곳에 나타난다. 다만 〈구약성서〉에서는 종말론적 사건이 미래에 일어난다고 보지만, 〈신약성서〉에 따르면 이 하느님의 미래는 그리스도와 더불어 이미 시작되었다. 기독교의 종말론은 장차올 하느님 나라를 선취한 그리스도에게 집중되어 있다. 하느님의 메시아인 예수를 통해서 하느님이 구원하는 새로운 시대가 마침내 열렸다는 것이다. 그러나 그리스도교의 역사적 발전과정에서 이 본래적인 종말론은 극히 다양하게 해석되고 수용되었다. 장차올 구세주 또는 심판자를 기다리는 메시아주의, 예언된 그리스도의 천년왕국을 기다리는 천년왕국주의, 하느님의 파국적 개입을 기다리는 묵시주의는 큰 차이가 있다. 이처럼 기독교 종말론은 다양한 갈래로 나누어져 있지만, 하느님의 피조물 구원을 궁극적으로 갈망하는 믿음을 종말론의 본질이라고 보는 점에서는 의견이 일치하는 것 같다.

다양한 종교적 종말론도 그랬지만, 보다 더 현실적으로 세인들의 관심을 크게 불러일으킨 종말론은 다양한 예언서에서 비롯되었다. 이 예언서들은 현세의 삶에서 병마 또는 경제사회적 이유 등으로 고통을 받고 있는 사람들에게 하나의 도피처 또는 어떤 마법과 같은 메시지로 받아들여졌다. 그리고 이에 대한 풍문들은 인터넷 등 다양한 사회관계망을 통해 전 지구촌으로 급속히 전파·확산되어 나갔다. 이들 예언서 중에서도 노스트라다무스와 마야 달력의 위력이 가장 컸다.

이외에도 주요 예언서로는 중국의 추배도와 우리나라의 정감록 등이 있다. 〈추배도(推背圖)〉는 7세기 당나라 태종 때 관상학자 원천강과 천문학자 이순풍이 나라의 흥망성쇠를 점치며 만든 책이다. 글과 함께 그림이 그려져 있으며 여기에 담겨 있는 60가지 예언 중 55가지가 대체로 맞아떨어졌다고 알려져 있다. 남은 5가지 가운데 가장 핵심이 되는 내용이 바로 3차 세계대전에 관한 것이다. 추배도에 적시된 3차 대전의 모습은 이렇다. "날아다니는 것이 새가 아니고 헤엄치는 것이 물고기가 아니다. 이 전쟁은 병사들에 의존하지 않는 기술전이다. 끝없는 죽음의 연기, 인간이 상상할 수 있는 것이 아니다. 그리고 더 큰 문제가 다가온다."

이런 내용과 함께 대륙을 사이에 두고 불침을 쏘는 병사들, 서로 대치하고 있는 두 마리의 새와 두 마리의 물고기 그림이 그려져 있다. 연구자들은 이를 태평양을 사이에 둔 두 나라 사이에 전쟁이 발발한 상황으로 해석한다. 그리고 병사들에 의존하지 않는 기술전쟁이라는 점에서 물리적 전쟁이 아닌 다른 방식의 싸움이 일어난다는 예언이라고 풀이한다. 인공위성을 활용한 우주전쟁, 해커들이 주도하는 사이버전쟁 같은 첨단 과학전쟁을 가리키는 게 아니냐는 것이다.

한편, 이 종말론과 유사하거나 거의 동일한 개념으로 말세론과 음모론도 자주 제기되고 있다. 우리는 차마 인간으로서는 저지를 수 없는 어처구니없는 범죄 소식을 접할 때면 "말세다, 말세야!"라며 혀를 찰 때가 있다. 이처럼 말세란 도덕의 타락이나 정치의 혼란으로 이 세상이 기울어간다는 관념을 뜻한다. 본디 불교용어인 말세는 불교의 삼시(三時)에서 나온 말이다. 부처님께서 입멸하신 뒤에 시대가 흘러감에 따라 그 가르침이 제대로 실행되지 않는다는 역사관에 입각해서 시대를 정법(正法), 상법(像法), 말법(末法)으로 나누고 있다. 교설과 실천, 결과가 모두 갖추어진 시기를 정법시라 한다. 그리고 교설과 실천만의 시기를 상법시, 교설만 있는 시기를 말법의 시기라고 한다. 이 삼시의 기한에 대해서 여러 학설이 있지만 통상 부처님 입멸 후 5백 년 혹은 천년을 정법시, 그 다음 천 년을 상법의 시기, 그 다음 만 년을 말법의 시기라고 한다. 말세가 되면 세상이 혼탁해져 도덕과 풍속이 쇠퇴하며 악법이 성행하고 정의가 사라진다고 한다.

이처럼 말세론은 정치적 위기나 도덕적 타락과 같은 인간의 행위 때문에 생겨나는 혼란상을 일컫는다. 한마디로 윤리와 도덕이 추락하면서 일어나는 사회적 퇴락현상이라고 할 수 있다. 이

점에서 종말론이 주로 유대교와 기독교 등 종교적 관점에서 비롯되고 있는 것과 차이가 난다.

우리 인류가 살고 있는 이 지구촌이 얼마가지 않아 혼돈과 암흑시대에 처할 것이라는 말세론을 뒷받침하는 현상들이 실제로 여기저기서 나타나고 있다. 이는 법과 질서가 문명이 존립하기 위한 전제 조건이지만 현실 세계에서는 심각한 도전과 함께 위기를 맞고 있기 때문이다. 세계의 주요 도시들은 하나같이 각종 범죄에 시달리고 있다. 아울러 국제적 법질서의 붕괴, 세계 도처에 일어나고 있는 테러와 분쟁, 국제 마피아와 마약 카르텔, 가족의 와해, 대부분의 국가에서 나타나는 신뢰와 사회적 유대감의 약화, 그리고 갈등과 폭력의 만연 등이 그 증거들이다.

음모론(陰謀論, conspiracy theory)이란 사회에 큰 반향을 일으킨 사건의 원인을 명확하게 설명하지 못할 때, 배후에 거대한 권력조직이나 비밀스런 단체가 있다고 해석하는 것을 말한다. 일반적으로 정확한 정보를 듣기 힘든 격동기나 혼란스러운 시기에 이러한 음모론들이 많이 유포되는 경향이 있다. 그리고 특이한 사건을 분석하는 과정에서 평소에 간과되었던 부분이 해당 사건과 관련점이나 유사점이 엿보일 때, 이에 대해 과다하게 집중하면서 가정과 비약이 덧붙여져 만들어지는 것이 보통이다.

잘 알려진 몇 가지 음모론의 사례를 들어보자.
첫째, 9·11테러 미국 정부 자작극설이다. 미국 정부가 2001

년 알카에다의 9·11테러 계획을 알고 있었음에도 이를 묵인했다는 것이 골자다. 한발 더 나아가 미 정부가 테러를 직접 계획했거나 집행했다는 주장도 있다.

둘째, 아폴로 11호 달 착륙 연출설이다. 이는 미국과 소련의 냉전 절정기에 소련의 인공위성 '스푸트니크'호가 발사되자 뒤처질 것을 우려한 미국이 세트장에서 아폴로 11호의 달 착륙을 연출했다는 음모론이다.

셋째, 존 F. 케네디 미국 대통령 암살 배후설이다. 케네디는 1963년 텍사스 주 댈러스에서 총격을 받고 숨졌다. 연방정부의 공식 조사기관은 이 사건을 오스왈드의 단독 범행이라고 결론지었지만, 오스왈드가 살해되면서 배후를 둘러싼 음모론은 계속 이어지고 있다. 배후에 대해선 미국과 소련의 정보기관인 CIA, KGB, 그리고 마피아가 단골로 등장하고 있다.

넷째, 다이애나 사망 영국왕실 개입설이다. 다이애나 전 영국 왕세자비는 1997년 프랑스 파리에서 이집트 출신의 연인과 함께 교통사고로 숨졌다. 그러나 이후 다이애나는 영국왕실에 의해 살해되었다는 음모론이 끊임없이 제기되고 있다. 왕세손 윌리엄의 친모인 다이애나가 무슬림과 재혼하는 것을 원치 않았던 영국왕실이 사고를 가장해서 그녀를 죽음으로 몰았다는 것이다. 이 밖에도 히틀러 생존설, 셰익스피어 가공 인물설, 후천성 면역결핍증 즉 에이즈(AIDS)를 고의로 개발하여 확산시켰다는 가설 등 수두룩하다.

우리가 살아가고 있는 지구촌 사회가 복잡다기한 정치경제적 어려움과 위기를 겪으면서 종말론은 점차 그 영역이 확장되고 있다. 이제는 단순한 종교나 예언의 영역이 아닌 전쟁과 테러, 천체학 이론 그리고 과학기술적 측면에서도 지구는 종국적으로 멸망할 수밖에 없다는 가설이 나오고 있다. 그 중에는 천체의 별들이 일직선이나 십자형으로 늘어나면서 대재앙이 온다는 것도 있고, 발칸 반도 등 세계 각지 분쟁지역의 전쟁이 재앙으로 확산될 것이라는 내용도 있었다. 이외에도 에이즈 등의 질병으로 멸망한다는 질병설과 거대한 혜성의 충돌로 멸망할 것이라는 혜성충돌설까지 실로 다양하다. 그리고 지금도 이와 유사한 주장들이 계속해서 나오고 있다.

아마겟돈과 휴거 종말론

기독교 종말론(Christian eschatology)은 기독교에서 세계와 인류의 종말을 전제로 하여 그들의 운명에 대한 문제를 다룬 이론을 말한다. 그리스도의 재림과 인류의 부활 및 최후의 심판, 그리고 새 하늘과 새 땅 등으로 이어지는 종말의 진행 과정을 밝히는 것을 목표로 한다. 다만 종말의 시점은 성경 어디에도 명시되지 않았다. 예수 그리스도도 "그때는 나도 모르고 오직 아버지만 아신다."고 말씀했다고 기록되어 있다. 기독교의 종말론은 예수의 가르침에서 유추할 수 있다. 예수가 자신을 종말론적인 인물로 생각했는지는 알 수 없으나, 그의 추종자들은 예수가 십자가 처형을 당한 후 그를 종말에 등장한 메시아로 보았다. '하느님의 나라'라는 개념은 예수 가르침의 핵심이다. 예수는 비유를 통하여 하느님의 나라를 설명하고, 자신의 제자들에게도 선포할 것을 요구하였다.

성경에서도 종말론을 여러 곳에서 언급하고 있다. 흔히 '아포칼립스(Apocalypse)'라고 불리는 이 종말 예언은 신이 계시를 통해 진리를 나타낸다는 묵시(默示), 또는 계시(啓示)라는 의미를 지니고 있다. 즉 신이 예언자를 통해 인간이 알 수 없는 인류의 운명과 세계 멸망, 새로운 세상의 도래 등을 알린다는 것이다. 현대에는 종말 또는 대참사 등의 의미로도 쓰인다. 먼저, 구약의 계시록인 〈다니엘서〉는 다니엘을 통한 하나님의 말씀을 기록한 것이다. 〈다니엘서〉 12장 1절에는 "그때에 네 민족을 호위하는 대군 미가엘이 일어날 것이요 또 환난이 있으리니 이는 개국 이래로 그때까지 없던 환난일 것이며 그때에 네 백성 중 무릇 책에 기록된 모든 자가 구원을 얻을 것이라."고 기록되어 있다.

그런데 세상의 종말에 대해 가장 구체적으로 언급하고 있는 것은 신약성경의 〈요한계시록〉일 것이다. 〈요한계시록〉에는 마지막 시대가 언급되는데, 이는 예수 그리스도와 사탄, 적그리스도와 하나님의 백성, 선과 악의 대 전쟁이 무서울 정도로 진행되고 있는 때를 의미한다. 그리고 이 대 전쟁이 바로 아마겟돈 전쟁이다. '아마겟돈 (Armageddon)'은 〈요한계시록〉 16장에 나오는 일곱 재앙 중 여섯째 재앙 가운데 언급되어 있는, 이 세상 역사의 마지막에 있을 대규모 전쟁을 뜻한다. 이 전쟁은 구약의 〈다니엘서〉와도 연결된다.

히브리어로 '하르 – 마게돈(Harmagedon)'인 아마겟돈은 갈릴리 남방에 위치한 요새 도시로, 고대부터 유명한 전쟁터 중의 하나인

이스라엘의 므깃도를 가리킨다. 그러나 본질적인 의미는 어떤 구체적인 지명을 뜻한다기보다 파괴자들이 모여서 큰 전쟁을 일으키는 것을 뜻한다. 그리고 세상은 파멸되며 〈다니엘서〉에 기록된 바와 같이 생명책에 이름이 기록된 자들만이 아마겟돈 전쟁에서 극적인 구원을 받을 것임을 의미하고 있다.

"또 여섯째가 그 대접을 큰 강 유브라데에 쏟으매 강물이 말라서 동방에서 오는 왕들의 길이 예비되더라. 또 내가 보매 개구리 같은 세가지 더러운 영이 용의 입과 짐승의 입과 거짓 선지자의 입에서 나오니 저희는 귀신의 영이라 이적을 행하여 온 천하 임금들에게 가서 하나님 곧 전능하신 이의 큰 날에 전쟁을 위하여 그들을 모으더라. 보라 내가 도적 같이 오리니 누구든지 깨어 자기 옷을 지켜 벌거벗고 다니지 아니하며 자기의 부끄러움을 보이지 아니하는 자가 복이 있도다. 세 영이 히브리 음으로 아마겟돈이라 하는 곳으로 왕들을 모으더라…"

휴거(携擧, rapture)는 기독교 종말론 중 하나로 예수가 재림하여 공중에 임할 때 선택받은 사람들이 하늘로 올라가 그와 만난다는 것을 뜻하는 말이다. 이 메시지는 신약성경 〈데살로니가 1서〉에서 따온 것이다. "그리스도 안에서 죽은 자들이 먼저 일어나고 그 뒤에 살아서 남아 있는 우리가 그들과 함께 구름들 속으로 채여 올라가 공중에서 주를 만나리라. 그리하여 우리가 항상 주와 함께 있으리라."

휴거를 내세우는 종말론자의 교리는 이러하다. 이 세상이 대혼란과 전쟁, 적그리스도의 통치와 고통으로 가득 찼을 때 재림한 예수가 신실한 그리스도인들을 공중으로 끌어올려 천국으로 데려갈 것이다. 그리고 지상에서의 대환난이 지나가고 악과의 최후 전쟁, 즉 아마겟돈 전쟁에서 믿는 자들이 승리한 이후 지상에 예수와 구원받은 성도들이 다스리는 천년왕국이 이뤄진다. 천년이 지난 뒤 풀려난 사탄과 그때서야 부활하여 천년왕국에 저항하는 악한 인간들을 영원한 불지옥으로 심판한 뒤 끝없는 하느님 나라가 지상과 천상에 펼쳐진다.

그러나 정통 기독교단에서는 이 교리를 부정한다. 정통 기독교단의 주장에 따르면 미국 근본주의 개신교가 휴거 개념을 창안해낸 것은 〈요한계시록〉과 종말론에 대한 해석 과정에서 오류를 범했다는 것이다. 다시 말하면 영적 순결함을 유지해 생지옥을 피하고 먼저 천국에 올라가 있겠다는 생각이 거룩함일지 도피심리일지는 개인의 양심만이 안다는 것이다. 또한 성경은 휴거론자들이 흔히 주장하는 종말의 정확한 시기 예측이나 예언에 대해서 완전히 부정하고 있다. 〈마태복음〉 24장 36절에는 "그러나 그 날과 그때는 아무도 모르나니 하늘의 천사들도, 아들도 모르고 오직 아버지만 아시느니라."라고 기록되어 있다.

1992년 우리나라에도 휴거 열풍이 불었다. 다미선교회라는 단체의 한 목사가 〈요한계시록〉을 인용하며 휴거가 일어나는 날

짜가 1992년 10월 28일이라고 예언했다. 이에 당시 수많은 사람들은 예수 공중재림과 휴거를 준비하고 있었다. 직장을 떠난 사람, 온 재산을 처분해서 교회에 바친 사람, 가출한 사람, 이혼을 한사람, 온 가족을 데리고 잠적한 사람도 있었다. 또 다미선교회에 나가지 못하게 하는 부모를 원망하며 음독자살을 한 학생도 있었다. 그리고 전국 160여개의 교회에서는 8천 여 명의 신도가 흰옷을 입고 예배를 드렸다. 어떤 교회에서는 몸이 가벼워야 잘 올라가야 한다며 무리하게 살을 빼다가 굶어 죽은 사람도 있었다고 한다.

2011년 미국에서는 또 다른 휴거소동이 벌어졌다. 캘리포니아 주 오클랜드에 거주하는 해롤드 캠핑이라는 목사는 자신이 성경을 분석한 결과 2011년 5월 21일 오후 6시에 지진계로 측정 불가능한 지구 최악의 지진이 전 세계를 쑥대밭으로 만들 것이라고 주장했다. 그 후 153일 동안 공포와 혼돈이 이어지다 10월 21일 인류는 마침내 종말을 맞이한다고 주장했다. 다만, 진실한 믿음을 가진 신도 2억 명이 하늘로 들려 올리는 휴거가 발생할 것이라고 했다. 그러나 10월 21일 저녁, 당연히 아무 일도 일어나지 않았다. 그 후 지금까지도 휴거는 오지 않고 있다. 이후 캠핑은 예언이 빗나간 데 충격을 받아, 뇌졸중을 일으켜 결국 2013년 12월 15일 숨을 거두었다.

노스트라다무스와 마야달력의 예언

종교적 관점에서 처음 만들어진 종말론은 점차 점성술로 계승되고 구체화되어 나가게 된다. 고대인들은 천체의 움직임이 인간의 생활과 자연을 지배하므로 인간의 운명도 천체의 움직임이 결정지을 것이라고 생각하고 있었다. 예를 들면 목성과 금성은 행운의 별이며, 화성과 토성은 불행과 재난의 별이라고 생각하였다. 또 두 개의 행성이 만나면 전염병이나 흉년, 또는 혁명 같은 커다란 사건이 일어날 징조로 보았다.

점성술은 행성과 별의 움직임을 통해 개인과 집단 그리고 국가의 운명을 예언하거나, 천체가 지상의 사건에 끼치는 영향을 해석한다. 성경에는 동방박사 세 사람이 별을 보고 예수의 탄생을 알았다는 기록도 있다. 때로는 과학으로 간주되었으며, 고대와 현대를 막론하고 여러 문명에 광범위하게 또는 지엽적으로 이런저런 영향을 끼쳐왔다. 중세시대의 유럽에도 점성술이 인간생활 전반에 커다란 영향을 끼쳤다. 당시 점성술은 연금술에도 영향을 주었다. 이 시대의 연금술사들은 금으로 변할 수 있는 7개의 금속은 7개의 행성의 지배를 받는다고 생각하였다. 그러나 16세기 코페르니쿠스의 지동설은 지구 중심의 세계관을 유지해오던 점성술에 일대 타격을 가했다. 그럼에도 점성술은 오늘날까지 오락과 미신의 형태로 남아 있으면서 많은 사람의 관심을 끌고 있다.

점성술이 발전하면서 자연히 점성술사들의 활동영역과 영향력도 커져갔다. 많은 사람들은 점성술사들의 예언에 귀를 기울이고 또 의지하려는 경향을 보였다. 지구의 종말을 예언한 점성술사들도 더러 있었다. 그중에서 특히 세인들의 관심을 크게 불러일으킨 사례는 노스트라다무스와 마야 달력의 예언이라 하겠다.

르네상스 시대 프랑스에 태어난 노스트라다무스는 원래 의사였다. 노스트라다무스는 라틴어 이름이고 본명은 미셸 드 노스트르담(Michel de Nostredame)이다. 그가 살았던 당시는 점성술이 크게 유행하였는데, 노스트라다무스 역시 점성술에 관심을 가지고 있던 터라 1547년경부터 예언을 시작했다. 1555년 그는 4행시로 이루어진 그동안의 예언들을 한 데 묶어 〈Les Propheties(예언)〉라는 제목으로 책을 냈다. 1557년에 289개 이상의 예언시가 추가된 2판을 출판하고, 다시 1558년에 300개의 새로운 시를 추가해서 3판을 내놓았다. 그러나 현재 남아 있는 책은 1568년 그의 사망 이후에 출판된 것이다. 이 책은 하나의 서술과 941개의 4행시로 구성되어 있는데, 100개씩 9개로 나누어졌고 하나에는 42개의 시가 담겨있다. 이 책을 통상 〈CENTURIES^(제세기)〉라고 부른다.

프랑스어 · 스페인어 · 라틴어 · 히브리어 등이 뒤섞인 암호 같은 문체와 내용, 그리고 수많은 주석들로 인해 그의 예언들은 계속 많은 논쟁을 일으켰다. 특히 1781년에는 로마 가톨릭 교회의 금서청^(禁書廳)으로부터 유죄 판결을 받기도 했다. 그럼에도 그의 예언들 중 몇 가지는 실제로 발생했다는 평가를 받고 있다. 대표적인 사건이 프랑스 혁명과 나폴레옹의 권세부터 세계 2차 대전, 아돌프 히틀러의 출현, 달 착륙, 그리고 9.11 테러 사태 등이다.

1982년 로마의 국립 중앙도서관에서 한 권의 낡은 책이 발견됐다. 16세기 필사본인 〈바티시니아 노스트라다미^(Vaticinia Nostradami)〉라는 그림책이다. 이 책 안에는 80장의 수채화들이 암호처럼 수록돼 있다. 많은 연구가들은 이 책을 '노스트라다무스의 그림 예언'이라고 주장했다. 책 내용은 기존의 예언서 〈CENTURIES〉와 매우 비슷하다. 특히 이 그림 예언서 마지막 부분에 나오는 한 남자의 그림을 통해 〈CENTURIES〉 속에 등장하는 세 명의 '적그리스도'가 새삼 주목을 받게 되었다. 노스트라다무스는 적그리스도인 인물로 세 명을 지목하였는데, 적그리스도는 말 그대로 그리스도를 대적하는 인물을 뜻한다.

노스트라다무스가 지목한 첫 번째 적그리스도는 나폴레옹이다. 노스트라다무스는 이탈리아 부근에서 태어나 황제가 되어 유럽에 큰 피해를 입히고 몰락하는 한 지도자의 이야기를 예언하면서, 그의 이름을 '나파로이(Napaulon Roy)'라고 했다. 그런데 후세인들은 이것이 '나폴레옹(Napoleon)'을 예언한 것이라고 추측하고 있다. 두 번째 적그리스도는 제2차 세계대전을 일으킨 히틀러이다. 그의 예언서 한부분에 "히스터(HISTER)란 이름의 사람이 오스트리아한 강변에서 태어나 폴란드와 헝가리를 지켜주겠다고 나서지만 그 최후는 아무도 알 수 없다. 이 치욕스런 왕이 세워지면 황금시대가 막을 내린다"라는 구절이 나온다. 그런데 HISTER를 순서만 바꿔보면 철자 하나만 틀린 히틀러(Hitler)가 된다. 따라서 이는 히틀러의 출현을 예언한 것이라는 주장이다.

그러나 세 번째이자 마지막 적그리스도로 지목된 마부스는 아직 누군지 알 수 없는 가운데 갖가지 추측이 난무하고 있다. "혜성이 날아올 시기"와 맞추어 나타난다고 기록되어 있는 마부스는 기존에 있던 두 명의 적그리스도적 인물들과는 다르게 지구의 인류를 멸망시키거나 이에 버금가는 피해를 입히는 인물로 묘사되어 있다. 일각에서는 마부스가 오사마 빈 라덴이라고 주장했다. 또 일부 연구가들은 이라크 대통령 사담 후세인이라고 주장했다. 한동안 미 해군성 장관 레이 메이버스(Ray Mabus)가 지목되어 곤욕을 치르기도 했다. 또 마부스가 현존인물이 아니라 아직 세상에 모습을 드러내지 않았다는 주장도 있다.

한편, 노스트라다무스의 예언 중 우리의 관심을 가장 크게 끌었던 것은 "1999년 7월에 하늘에서 공포의 대왕이 내려오리라."는 부분이다. 이로 인해 1999년의 세상은 상당히 시끄러웠다. 마침 당시 코소보 사태가 일어났기에 더 커다란 파장을 일으켰다. 하지만 코소보 사태는 6월에 종료되었으므로, 1999년 7월 중국에서 발생한 파룬궁 탄압이 더 부합한다는 주장도 나왔다. 이에 의하면, '공포의 대왕'은 중국 공산당의 잔인한 파룬궁 탄압을 의미하며, 이후 구절 "그 전후 기간 마르스(Mars)는 행복의 이름아래 지배할 것이다"의 '마르스(Mars)'는 당시 중국을 통치했던 공산당의 사상적 기반을 제공한 '마르크스(Marx)'를 의미한다는 것이다.

그러나 이후 9.11 테러가 발생하자 이를 예언했다는 주장이 더 설득력을 얻게 되었다. 우리나라의 연월일 표기 방식 2001. 9. 11이 미국에서는 9. 11. 2001이 된다. 거기서 9-11-1이 된다. 이것을 철자와 순서 바꾸기 방식, 즉 아나그램(anagram)으로 풀이하면 1999가 된다고 한다. 그리고 일곱 번째 달은 7월로 해석할 수 있지만 노스트라다무스의 시대에는 율리우스력을 사용하였는데, 이에 의하면 일곱 번째 달은 9월에 해당한다. 하늘에서 내려온 공포의 대왕은 두 가지로 해석이 가능하다. 하나는, 9.11 테러사건 당시 비행기가 하늘에서 날아와 건물과 부딪쳤으므로 비행기를 지칭하는 것이라는 해석이 그것이다. 다른 하나는 테러단체의 리더인 오사마 빈라덴을 의미한다는 주장이다.

마야는 고도로 발달한 과학과 문명을 가진 고대국가로 거대한 돌로 만든 유적과 뛰어난 예술작품을 오늘날까지 전하고 있다. 그 문명에는 인류, 생명, 우주에 관한 많은 의문에 대한 해답이 있다. 많은 유물 중에서도 특히 마야 달력은 오늘날 우리에게 매우 신비롭게 다가온다. 달력이 밝힌 정확한 우주현상과 예언 때문이다. 마야문명은 1840년 열대 밀림 속에 숨어있던 마야의 신전을 발견하면서부터 서서히 그 베일을 벗었다. '티칼'이라는 이 도시는 마야문명의 초기 중부지역의 중심도시로 과테말라의 유적지이다. 궁전, 구기장, 종교시설 등 발굴해낸 유적이 무려 3,000여 점이다. 여기서 발굴한 마야 문자를 해독함으로써 전문가들은 마야인은 아주 풍부한 천문지식을 가지고 있었고, 또 일찍이 독창적인 마야 달력과 역법을 사용했다는 것을 알아내었다.

　　마야의 역법은 아주 복잡하다. 주식인 옥수수의 성장주기에 맞춘 260일 달력과, 지구의 공전 주기를 계산한 365일 달력, 그리고 우주의 대주기인 5125년을 한 주기로 계산하는 마야 장기력 등이 있다. 장기력은 약 394년인 144,000일을 주기로 시간을 측정하는데 이를 '박툰(baktun)'이라 한다. 마야 달력은 기원전 3114년 8월 12일이 시작일이다. 이로부터 13번째 박툰이 끝나는 날이 바로 2012년 12월 21일이다.

　　고대 마야인들은 대주기 동안에 지구는 태양계와 더불어 은하의 중심에서 나오는 은하광선을 가로질러 이동한다고 믿었다. 그리고 이 은하광선을 횡단한 후에 태양계는 근본적인 변화를 겪게 될 것인데, 이 변화를 '은하계에 동화(同化)'라고 불렀다. 그들은 대주기를 13단계로 나누었고 각 단계를 다시 20개 연화(連和)시기로 세분하였으며, 또 매 단계의 연화기간은 약 20년이다. 여기서 1992년에서 2012년까지 20년간 지구는 대주기의 마지막 시기로 들어간다는 것이다.

마야인은 이 기간을 '은하계에 동화' 직전의 아주 중요한 기간으로 믿었으며, 이 기간을 '지구재생 기간'이라고 명명했다. 이 기간 중 지구는 완전한 자기정화를 달성할 것이며, '지구재생 기간' 이후에 지구는 은하광선 경계를 넘어서 '은하계에 동화'라는 새 국면에 들어갈 것이라고 했다. 이런 가설을 바탕으로 종말론자들은 이 날이 지나면 세상에는 인류도 시간도 존재하지 않는 무(無)의 세계가 펼쳐진다고 주장하고 있다.

세기말 사상과 Y2K 재앙 종말론

서기 999년, 유럽 사회에는 새로운 1000년이 오면 예수가 재림해 세상을 심판하고 종말이 올 것이라는 믿음이 팽배했었다. 당시 교황이던 실베스터 2세까지도 이런 종말론에 동참했으니, 그야말로 유럽 사회는 온통 종말론에 휘몰려 있었던 것이다. 어떤 수도사들은 죄를 보속한다면서 자신의 몸을 채찍으로 내리치면서 기도하였고, 또 상당수 시민들은 감옥과 성당 앞에 나가 자신의 죄를 벌해 달라고 줄을 선 채 호소했다. 그리고 상당수 귀족들은 자신의 재산과 가족을 정리하고 예루살렘과 바티칸을 향해 달려갔다. 그래도 예수와 조금이라도 가까이 있으면 구원을 받지 않을까 하는 일말의 기대심리 때문이었다.

예수가 재림하고 지구에 종말이 온다는 1000년을 하루 앞둔 999년 12월 31일은 전 세계가 광적인 분위기에 빠져들었다. 사람들은 통성기도와 회개기도를 올린다며 울부짖고 통곡하며 두려움에 떨었다. 마침내 서기 1000년 1월 1일 아침이 밝았다. 그러나 세상은 그대로였다. 궁색해진 로마교황은 "주께서 심판을 미루셨다"고 얼버무렸다.

　세기말이란 한 세기의 끝, 혹은 사회의 몰락으로 사상이나 도덕, 질서 따위가 혼란에 빠지고 퇴폐적, 향락적인 분위기로 되는 시기를 뜻한다. 이 용어가 최초로 인구에 회자되기 시작한 것은 19세기 말의 유럽이었다. 당시 유럽 사회는 산업혁명 이후 고도화되기 시작한 물질문명의 발달에 대한 기대도 있었지만, 동시에 불안감도 증폭되어 가고 있었다. 이는 기계와 자본을 중시하는 경영체제가 힘을 얻고 노동자 해고 등 비인간적인 행태가 나타나는 등 그동안 중요한 가치로 여겨지던 인간중심적 사고가 흔들리고 있었기 때문이다.

　그 결과 프랑스를 중심으로 한 유럽 여러 나라에는 전통적 신앙과 권위가 무너지고 대신 불안, 회의, 동요 등의 현상이 밀려왔다. 문학예술 분야에서도 도덕불감증을 기반으로 관능적 · 유미적(唯美的) 경향을 띤 데카당스(décadence), 즉 퇴폐성 문학이 성행하였다. 그래서 절망, 허무, 퇴폐, 회의 등이 뒤섞인 암담한 분위기가 세상을 풍미하였다.

　그런데 21세기 현존하는 인류가 세기말 분위기를 보다 절실하게 체감할 수 있던 시기는 1990년대였다. 한 세기를 넘어 새로운 천년이 시작되는 시점인 2000년 1월 1일은 인류에게 행복과 축복의 시간으로 다가와야 함에도 당시 지구촌은 의구심과 불안에 빠져 있었다. 과연 우리는 아무런 변고 없이 새 천년을 무사히 맞이할 수 있을 것인가라는 두려움이 그것이었다.

그러자 혼란스러운 시대 불안심리를 이용해서 세를 불리고 이득을 챙기려는 사이비종교와 유사과학이 이때를 놓치지 않았다. 사이비 종교들은 성경의 요한계시록에서 말하는 아마겟돈의 때가 다가왔다고 신도들을 현혹시켰고 유사과학은 온갖 예언서들을 불러와 사람들의 호기심을 자극했다. 특히 노스트라다무스가 예언했다고 알려진 '1999년 7월 지구 멸망설'에 대해 대중들의 관심이 증폭되었는데, 이는 그의 예언 중 "1999년 7월 하늘에서 공포의 대왕이 내려올 것이다."라는 부분에서 비롯되었다. 그가 제기했다는 종말론은 당시 어수선한 세기말 분위기와 맞물려 다양한 책으로 만들어져 출간되기도 하였다.

다양한 종말론 중에서도 무엇보다 커다란 반향을 일으킨 것은 'Y2K 재앙설'이다. 이는 전산체계 붕괴와 관련된 사안으로, 과학적으로도 상당한 설득력이 있었기에 대중들의 공포심을 더욱 증폭시켰다. Y2K 재앙은 2000년이란 연도 때문에 컴퓨터 프로그램에 발생하는 오류를 말한다. 'K'는 1,000단위를 의미하는 Kilo의 약자이므로, Y2K는 'Year 2000'이라는 뜻이다. 흔히 Y2K라고 줄여 부르던 2000년 문제, 일명 '밀레니엄 버그(millennium bug)'는 단순한 우려를 넘어 전 세계에 공포로 다가왔다. 이는 조세·금융·정부·기업 등 기존의 모든 전산 시스템이 일거에 마비될지도 모른다는 우려 때문이었다.

당시 컴퓨터는 연도를 끝에 두 자리만 인식하는 형태로 데이터를 저장했다. 그때만 해도 지금과는 비교할 수 없을 정도로 저장용량을 늘리는 데 드는 비용이 컸기 때문에 데이터 인식에 따른 용량을 조금이라도 줄이기 위해 끝에 두 자리만 인식하는 식으로 알고리즘을 짰던 것이다. 그런데 1999년에서 2000년으로 넘어가면 컴퓨터는 2000년을 1900년으로 인식할 수 있고, 그렇다면 이 때문에 곳곳에서 엄청난 규모의 대혼란이 일어날 것이라는 위기론이었다. 은행에서 지급하는 이자에서부터 개인의 출생 등록 데이터, 주식시장 등에서 사회를 송두리째 혼돈으로 몰고 갈 이슈들이 너무나 많이 자리 잡고 있었다.

예를 들면, 컴퓨터가 '99'를 '작동중지'로 이해한다든가, 2000년의 마지막 두 자리 수 00을 인식하지 못해 1900년과 혼동하는 경우를 말한다. 2000년에 태어나는 아기가 1900년에 태어난 101세의 노인으로 둔갑해 버릴 수 있다. 또 1999년에 발급한 신용카드가 있었는데 2000년이 되자마자 카드를 쓸 수 없게 될 수 있다. 왜냐면 컴퓨터가 2000년을 1900년으로 인식해 사용기한이 지난 카드라고 받아들일 수 있기 때문이다. 반대로 2000년에 통장을 확인해보니 엄청난 규모의 이자가 지급되어 있을 수도 있었다. 1900년과 2000년을 혼동한 컴퓨터가 100년간의 이자를 계상해 통장에 넣어놓을 수 있다는 얘기다.

이 무렵 대중들이 가졌던 불안감은 엄청났다. 신용카드와 은행의 전산망이 마비되어 전 세계 금융시장이 무너지게 될 것인

바, 은행의 모든 예금을 인출해둬야 하는 것 아니냐는 우려가 나왔다. 또 1999년 12월 31일에 컴퓨터 전원을 뽑지 않으면 폭발한다는 괴 소문까지 돌았다. 더욱이 첨단 군사무기의 오작동과 핵전쟁 발발 가능성까지 거론되었다. 컴퓨터 오류로 장전돼 있던 모든 미사일이 발사될 것이고, 원자력 발전소에서 오작동이 일어나 전력 공급이 끊기고 방사능 누출 사고가 발생한다는 등등… 그러나 지구촌은 결과적으로 큰 문제없이 평화롭게 새 천년을 맞이했다.

우리는 왜 세기말에 두려움을 가졌고 또 열광했을까? 이는 아마 궁금해서였을 것이다. 한 해만 마무리돼도 '내년은 과연 어떨까?' 궁금한데, 하물며 1천년을 마무리하는 시점에서는 어떠했겠는가! 한편으로는 새로운 천 년이 온다는 기대감, 그리고 과연 다가오는 천 년은 우리에게 어떤 미래를 선물할지에 대한 설렘이 있었다. 또 다른 한편으로는 우리 마음에 퇴폐적이고 종말적인 디스토피아가 찾아와 다시는 우리의 행복하고 밝은 세상이 영원히 돌아오지 않으면 어쩌나 싶은 불안감도 자리하고 있었다. 아마 이 모든 것들이 뒤섞여 들뜨면서도 걱정되는 마음이 당시의 세기말 분위기를 조성했을 것이다.

다시 불거지는 21세기 지구 종말론

2012년 종말론은 1999년 종말론에 이어 나타난 지구 종말론으로, 2012년 12월에 지구가 멸망할 것이라는 가설이었다. 특히 당시는 미국 발 글로벌 금융위기로 인해 경제사회적으로 커다란 어려움을 겪고 있던 터라 종말론에 대한 관심이 높았다. 포털 사이트에서는 종말과 대재앙 관련 정보를 공유하는 다수의 동호회도 활동하고 있었다.

더욱이 2009년에는 이를 바탕으로 할리우드 재난영화 〈2012〉가 제작되면서 지구 종말론은 전 세계적으로 한층 더 확산되었다. 실제로 당시 비상식량이나 구급장비 등의 판매가 크게 증가하기도 했다. 이와 함께 기왕 지구 종말이 온다면 죽기 전에 경험해 보겠다며 도덕적·윤리적으로 타락한 행위를 일삼는 청소년들도 적지 않았다. 심지어는 공포에 길려 지살을 히는 사람도 생기는 등 사회적으로 큰 혼란이 일기도 했다. 이에 영화 〈2012〉는 엄청난 흥행수입을 올리기는 했지만, 지구 종말에 대한 불안심리를 부추겨 돈을 버는 비윤리적인 영화라고 비난을 받기도 하였다.

2012년 지구 종말론의 배경이 된 예언들을 살펴보자.

첫째, 노스트라다무스의 그림책 예언서이다. 1982년 발견된 〈노스트라다무스의 그림 예언〉이라는 책에 담겨진 내용이다. 이 책 속에 어린양과 8개의 바퀴와 세 개의 달 등이 그려진 그림이 있는데, 이것이 바로 노스트라다무스가 2012년에 인류 종말이 온 다고 예언한 것이라고 주장하는 사람들이 있다. 그림 속의 어린양이 성경의 〈요한계시록〉에 나오는 희생양을 의미하며, 이것이 곧 지구의 종말을 뜻한다고 해석한 것이다. 3개의 달과 1개의 태양 그림은 각각 세 번의 월식과 한 번의 일식을 의미하는 것으로 이 모든 것이 발생한 이후 즉, 2012년에 지구가 멸망한다는 것이다.

둘째, 주역을 바탕으로 만들어졌다는 타임 웨이브 제로에 의한 종말론이다. 〈주역(周易)〉은 64개의 서로 다른 모양의 괘를 이용해 점을 치는 법을 적은 중국의 고대 서적이다. 2000년, 미국의 과학자 테렌스 메케나는 주역을 수리적으로 분석해 시간의 흐름과 64개 괘의 변화율을 그래프로 표시하였는데, 이를 '타임 웨이브 제로(time wave zero)'라고 이름 붙였다. 그는 이 그래프가 4천년에 걸친 인류사의 변화와 정확하게 일치한다고 주장했다. 그래프가 상승한 시기에는 영웅이 등장하거나 새로운 국가가 탄생했으며, 그래프가 하강한 시기에는 비극적인 사건이 일어나거나 국가가 멸망했다는 것이다. 이 그래프는 어느 시점에서 0이 되는데,

이 날이 바로 2012년 12월 21일이라는 것이다. 이는 마야의 달력이 끝나는 시기와도 일치하므로 그 날이 종말이 오는 날이라고 주장하였다.

셋째, 미국의 증권시장에서 사용되던 '웹봇(Webbot)'이 2012년 지구종말을 예견했다고 주장이다. 웹봇이란 전 세계 인터넷상의 모든 자료들을 모아 핵심적인 단어들을 조합해 언어 엔진을 통해 다양한 과정을 거쳐 주식시장의 변동을 그래프로 예측하는 프로그램이다. 그런데 이 웹봇은 그동안 주식시장에 막대한 영향을 끼치는 주요 사건 몇몇을 이들이 발생하기 전에 예측해 왔다고 한다. 2001년 미국 9·11 테러와 콜롬비아 우주왕복선 참사, 2004년 인도양 지진과 해일 사태 등이 그러한 사례들이다. 그런 웹봇이 2012년에 멈춰 섰는데, 이것은 웹봇이 더 이상 분석할 데이터가 없다는 것 즉 지구 종말을 의미하는 것으로 받아들여졌다. 또한 웹봇이 분석한 그래프가 타임웨이브 제로와 상당부분 일치한다는 점에서도 주목을 받았다.

넷째, 마야인 달력과 예언에 의한 종말이다. 이는 고대 마야인들의 달력이 2012년까지만 기록되어 있으므로 이때가 바로 지구의 종말이라고 주장하는 것이다. 종말론자들은 이날이 지나면 세상에는 인류도 시간도 존재하지 않는 무(無)의 세계가 펼쳐진다고 하면서 1960년대 멕시코 남부에서 고속도로 건설 공사 중 발견된 '모뉴먼트 6'이란 유물도 이런 종말론을 뒷받침한다고 주장했다.

여기에는 2012년 12월 21일에 마야 문명에서 전쟁과 창조의 신인 '볼론 요크테'와 관련해 어떤 사건이 일어난다는 내용이 적혀 있으나, 그 뒷부분 내용은 훼손되어 해석이 불가능하므로 그 시점이 지구의 종말이라는 것이다.

한편, 이들 종말 예언자들은 예언이 현실화될 근거를 제시하기도 했다. 그들은 과학과 기술이 발전한 21세기답게 주로 지구 움직임과 태양계의 이변에서 근거를 찾아 제시하고 있다. 대표적인 가설이 태양계의 숨겨진 행성 '행성 X'가 2012년 지구에 근접해와 지구와 태양계를 거덜 낼 것이라는 주장이다. 2008년 2월 일본 고베 대학의 무카이 다다시 교수팀은 태양계에 우리가 몰랐던 열 번째 행성이 지구에 근접해 올 것이라고 주장했다. '니비루 (Nibiru)'라고도 불리는 행성 X는 3600년 주기로 움직이는데, 지구보다 4배가 크고 45° 기울어진 상태를 보이고 있다. 이는 고대 수메르 신화에 나오는 행성 니비루와 맥락을 같이하는데, 신화에 의하면 니비루 행성의 주인은 신이자 외계인인 아눈나키(Anunnaki)들이며, 이들이 수메르 문명을 세웠다고 한다.

예언자들은 '행성 X'가 지구에 근접해 오면서 지구 자기장과 자전축에 이상을 일으켜 거대한 지각변동과 화산폭발 그리고 대륙을 강타할 강력한 쓰나미와 대지진을 동반할 것이라고 주장했다. 더욱이 태양의 폭풍과 흑점을 자극해 강력한 방사선과 방사능 태양폭풍이 일어나 지구 궤도상의 위성과 문명들을 모조리 불살라 버릴 것이라고 주장했다.

또 다른 가설은 지구 자기장 역전설과 태양폭풍설이다. 천문학자들에 의하면 2012년~2013년에 태양활동이 최고조에 이른다고 한다. 이 과정에서 태양폭풍으로부터 지구를 보호하던 자기장이 균열되거나 역전될 수 있다는 것이다. 그런데 지구에 자기장이 역전되거나 사라진다면 핵폭발 때 일어나는 방사능 오염과 같은 치명적인 비극이 발생할 수도 있다는 주장이다.

2012년 종말론은 2011년 동일본 대지진이 발생하면서 불안감이 한층 더 고조되기도 했다. 그러나 실제로는 종말이 오지 않았다. 그런데 2019년이 시작되면서 또 다시 지구 종말론이 제기되었다. 2019년 종말론을 주장한 예언가들 중 한사람인 미국 오하이오 주의 로널드 와인랜드 목사는 제3차 세계대전이 2019년 2월 혹은 3월부터 시작된 후, 2019년 6월 9일 종말을 맞이할 것이라고 예언했다. 그 근거로는 지구상의 수많은 국가들이 서로 긴장 관계에 있다는 것을 들었다. 와인랜드는 "인도, 파키스탄, 중국, 미국, 이스라엘, 사우디아라비아, 터키, 러시아 등 전 세계에 전쟁이 잠재해 있다"고 주장했다.

데이비드 몽테뉴라는 예언가 또한 2019년 종말론을 제기하였다. 그는 2013년 발간된 〈마지막 시간 2019, 마야 달력의 끝과 심판이 날까지 카운트다운〉이란 책을 통해 2019년 지구가 격동적인 자연재해 현상을 겪게 될 것이라는 주장을 내놓았다. 그가 예언한 지구 대변혁 개시일은 2019년 12월 21일로, 고대 마야 문명에서 제작된 마야 달력 종료 시점인 2012년 12월 21일로부터 정확히 7년 후이다. 그리고 이 7년의 근거로서 신약성경의 〈요한계시록〉 종말 부분에 나오는 '666짐승의 표와 7년간의 짐승의 지배 기간' 구절을 원용하였다. 즉 최후심판에 7년간의 준비기간이 필요하다는 성경구절을 근거로 2012년으로부터 7년 후의 시점인 2019년에 지구가 멸망한다는 것이다.

그는 마야 달력이 가리키고 있는 원래의 종말 시점은 단순히 시련의 시작을 알리는 것이었으며, 2019년에는 매우 구체적인 종말적 자연재해가 발생하게 될 것이라고 주장했다. 그의 예언에 따르면 2019년 12월 21일부터 지구에 지진 · 해일 · 화산 활동 등의 자연재해가 시작되며, 참혹한 자연재해에 직면하는 시점은 그로부터 1주일 후인 2019년 12월 28일이라고 한다. 주장의 근거로는 보통 지구 자기장 역전(magnetic field flip) 현상은 20~30만년 주기로 일어나는데 2019년이 그 시기이며, 이 자기장 역전 현상 때문에 지구에 잠자고 있던 지진, 화산들이 동시에 분출할 수 있다는 것이다.

과거에 있었던 이러저런 예언들처럼 2019년 종말론 또한 빗나간 채 허구로 끝났다. 여전히 지구는 잘 돌아가고 있다. 그런데 이들 외에도 21세기 종말을 예언한 사람들은 적지 않다. 그중에는 만유인력의 원리를 확립한 위대한 과학자 아이작 뉴톤(Newton, Sir Isaac)도 포함되어 있다. 독실한 기독교 신자인 뉴턴은 생전 종말론도 연구했는데, 연구 결과 2060년 지구종말론을 주장했다. 그는 구약의 〈다니엘서〉를 토대로 지구 종말의 날을 1260년 후로 예측했다. 뉴턴은 카롤루스 대제가 서로마 황제에 오른 서기 800년을 계산의 시점으로 잡아, 2060년에 세계가 종말을 맞는다는 예언을 내놓았다.

77억 명에 이르는 인류가 살아가고 있는 이 지구촌이 멸망할지 여부, 그리고 설령 인류사회에 종말이 찾아든다고 할지라도 구체적 시기가 언제일지에 대해서는 그 누구도 알 수가 없다. 그러나 작금의 지구촌이 각종 자연재해와 기상이변, 그리고 테러와 전쟁의 공포에 위협에 시달리고 있기에 이러다가는 진짜로 인류사회가 멸망할지도 모른다는 위기에 처해 있다는 사실은 분명하다.

2장
과학기술이 만든 종말, 인공지능과 생명공학 발전의 비극적 부메랑

- 특이점의 도래와 인공지능의 인간 지배
- 로봇의 반란과 킬러로봇의 탄생
- 빅브라더가 지배하는 통제된 세상
- 생명공학 발전에 따른 인구의 폭발
- 유전자 조작을 통한 괴물의 탄생과 복제인간의 출현
- 타임머신의 출현과 시간여행의 저주
- UFO의 출현과 외계인의 침공 가능성
- 자원의 고갈과 자원전쟁 확산

인 류 의 　 종 말 은 　 어 떻 게 　 오 는 가 ?

특이점의 도래와 인공지능의 인간 지배

지금 우리는 '모바일 퍼스트(mobile-first)'에서 'AI 퍼스트(AI-first)' 시대로의 전환기를 맞고 있다. 인터넷이 그랬던 것처럼 인공지능(AI, Artificial Intelligence)은 우리가 살아가는 시대의 경제와 사회, 문화를 송두리째 변화시킬 것으로 예상된다. 어쩌면 인공지능은 인터넷이나 스마트폰을 뛰어넘는 충격을 가져다 줄 것이다. 우리의 소통 방식을 변화시키는 것은 물론 문화 자체가 바뀐다. 모든 산업부문에도 인공지능이 연결되어 산업의 지형을 바꿀 것이다. 반면 인공지능은 일자리를 빼앗는 등 인간에게 여러 가지 위협적인 존재로도 다가올 것이다.

그러면 이처럼 우리 인간의 생활 깊숙이 파고든 인공지능은 어디까지 진화할까? 전문가들은 인공지능 기술이 진화단계를 일반적으로 3단계로 보고 있다. 인공지능이 인간의 지적활동을 지원하고 인간능력을 증강하는 단계를 거쳐, 스스로 사고하고 판단할 수 있는 강한 인공지능으로 진화할 것이다. 나아가 언젠가는 모든 면에서 인간의 능력을 훨씬 뛰어넘는 초 인공지능의 개발도 가능할 것으로 예상하고 있다.

이미 약 인공지능 분야에서는 빠른 속도로 사람의 능력을 추월하고 있다. 인공지능은 모든 사물에 센서가 장착돼 한 인간의 행동 하나하나를 데이터로 추출한 후, 이를 공유해 어디를 가더라도 따라다니는 개인비서의 역할을 수행하고 있다. 또 사람의 능력과 비교하여 얼굴 인식률이 더 높거나 사물을 더 잘 인식하는 결과를 나타내고 있다.

다수의 전문가들은 머지않아 사람처럼 자유로운 사고가 가능한 자의식을 지닌 강 인공지능이 탄생할 것으로 내다보고 있다. 또 인간의 지적능력뿐만 아니라 사회성과 감성능력까지도 뛰어넘는 초 인공지능의 출현 시기, 이른바 '특이점(singularity)' 현상이 2040~50년경 도래할 것으로 전망하고 있다.

대부분의 사람들은 인공지능 기술이 발전하는 상황 속에서도 인간의 지능을 초월하는 시점이 언제쯤일지에 대해서는 그리 심각하게 생각하지 않은 채 살아가고 있다. 그런데 미래학자 레이 커즈와일은 2006년 〈특이점이 온다(The Singularity is Near)〉라는 저서에서 '기술적 특이점(technological singularity)'이라는 개념을 처음으로 제시하고 이에 대해 구체적으로 언급하였다.

원래 물리학 이론인 '특이점'이라는 개념은 부피가 0이 되고 밀도는 무한대로 커져 블랙홀이 되는 순간을 뜻한다. 커즈와일은 이 개념을 원용하여 기술적 특이점을 미래에 기술변화의 속도가 빨라지고 그 영향이 매우 커 인간의 생활이 되돌릴 수 없도록 변화되는 시기로 정의했다. 그는 또 특이점의 시대에 이르러서는 인간과 기술 간의 구별이 사라질 것이라고 보았다. 이후 특이점의 개념은 과학기술이 비약적으로 발전해서 인간의 능력을 전반적으로 뛰어넘는 인공지능이 출현하는 시기를 지칭하는 말로 쓰이고 있다.

그런데 앞으로 모든 면에서 인간의 능력을 뛰어넘는 초 지능 인공지능이 등장한다면, 이는 인간에게 축복일까 혹은 재앙일까? 이에 대한 논쟁은 꽤 오래 전부터 진행되어 오고 있다. 결론부터 말한다면 놀랍게도 부정적인 견해를 가진 사람이 훨씬 더 많은 편이다. 그들의 생각은 인간이 인공지능을 통제하기는커녕 오히려 지배를 받게 될 가능성이 크다는 것이다. 또 인공지능을 다루는 인간의 오작동과 미숙함에서 비롯되는 문제들도 우려된다. 여기에 비윤리적인 인공지능이 탄생한다면 문제의 심각성은 상상을 초월할 것으로 예상된다.

영국 옥스퍼드 대학교는 강한 인공지능이 출현할 경우 인류에게 주는 영향에 대해 시뮬레이션을 해보았다. 구글이 만든 답, 정부가 만든 답, NGO가 만든 답 등 다양한 시나리오를 통해 시뮬레이션 하였다. 그 결과 모든 결론은 항상 똑같았다. 약간 시간적인 차이가 있지만 강한 인공지능의 끝은 모두 인류멸망이라는 것이었다. 실제로 저명한 과학자들 중 이런 우려를 나타내는 사람이 적지 않다.

얼마 전 작고한 세계적 물리학자 스티븐 호킹(Stephen Hawking)과 전기자동차 테슬라의 창업자인 일론 머스크(Elon Musk)가 그 대표적인 인물들이다. 스티븐 호킹 박사는 "인공지능은 스스로를 개량하고 도약할 수 있는 반면, 인간은 생물학적 진화속도가 늦어 인공지능과 경쟁할 수 없고 대체되고 말 것이다."라고 말하면서 인공지능이 발전하면 인류가 멸망할 것이라고 보았다. 일론 머스크도 "인공지능이 핵폭탄보다 더 위험하다. 인공지능 연구는 악마를 소환하는 것이나 다름없는 현존하는 가장 큰 위협 요소다."라고 말했다. 빌 게이츠(Bill Gates)도 인공지능이 발전하면 인류에 위협이 된다고 경고했다. 다만 그가 우려를 표한 인공지능은 인류의 통제가 불가능한 초지능을 가진 인공지능이며, 일반적인 약인공지능은 인간의 삶을 윤택하게 해주는 훌륭한 도구라는 견해를 밝혔다.

인간 및 인류에게 절대적으로 안전하고 호의적이며 인류의 발전을 돕는 초인공지능이 만들어진다면 문제가 없다. 하지만 초인공지능이 반드시 그렇게 만들어지리라는 보장은 없다. 인간이 만드는 인공지능도 인간의 본성이 그대로 녹아있다. 이는 다시 말해 인공지능도 인간처럼 자신을 타자와 분리해 생각하고 인간을 적으로 생각할 수 있다는 것이다. 이 경우 인간과 인간보다 뛰어난 능력을 가진 인공지능 간 전쟁이 일어나게 되고, 결국 인류의 멸망이 초래될 것이다. 또 인공지능이 범죄와 군사적 목적으로 이용되어 인류에게 위협적인 존재가 될 수도 있다. 범죄 의도를 가진 사람이 드론이나 얼굴인식 기술을 악용해 특정인에게 테러를 가할 수 있다.

　이런 일은 실제로 일어나고 있다. 2015년 4월 일본에서는 정부의 원전 정책을 반대하여 총리 관저로 미량의 방사성 물질을 담은 소형 드론을 날려 보내는 일이 있었으며, 2018년 8월에는 마두로 베네수엘라 대통령을 겨냥한 드론 테러가 시도되었다. 2019년 9월에는 사우디아라비아 원유시설에 드론 테러가 가해져 시설가동이 중단되면서 국제유가가 출렁이는 사태가 벌어지기도 하였다. 또 해커가 악용하면 기존 보안 시스템을 완벽하게 무력화시킬 수 있다. 가짜뉴스를 생산해 여론을 조작하고 음성·영상 합성 기술로 동영상을 조작해 선거나 정치에 영향을 미치는 일도 가능하다.

　이에 인공지능에게 인간의 윤리관 및 인간사회에서 통용되는 각종 통념과 행동규범을 가르치려는 시도도 이루어지고 있다. 그러나 이의 실효성에 있어서는 의문이 남는다. 현실 세상의 예를 보더라도 부모와 학교가 각종 사회통념과 행동규범을 가르치지만 언제나 문제아가 나오는 것을 목도하고 있다. 따라서 인공지능이나 로봇에게 도덕과 윤리를 가르친다고 안전하다고 볼 수 없다. 더욱이 나쁜 의도를 가진 자가 인공지능과 로봇을 이용하여 악행을 저지른다면 이는 정말 심각하고 무서운 일이 아닐 수 없다. 미래학자들은 기술의 발전 속도를 감안할 때 오히려 이 가설이 인공지능 스스로 반란을 일으키는 것보다 훨씬 더 실현 가능성이 크다고 보고 있다.

특히 최근에는 인공지능의 알고리즘을 교란하는 기술까지 등장하였다. 구글(Google)이 내놓은 '애드버세리얼 패치(Adversarial Patch)'가 이에 해당한다. 이 기술이 무서운 이유는 고도화할 경우 손쉽게 인공지능 기기와 각종 자동화 시스템을 마비시킬 수 있기 때문이다. 예컨대 인간을 공격하지 않도록 만들어졌지만, 해커가 AI를 해킹한 뒤에는 AI가 인간을 공격하게끔 바꿀 수 있다는 것이다.

여기에 확증편향의 문제도 제기되고 있다. 인공지능은 잘 짜인 알고리즘이다. 알고리즘(Algorithm)은 어떤 문제를 풀기 위한 방법을 말한다. 페이스북이 자신의 취향에 맞는 글을 추천하고, 넷플릭스가 내가 좋아하는 영화들만 골라 리스트로 보여주는 것은 바로 이 알고리즘 때문이다. 소비자 입장에선 이런 추천 서비스가 선택의 부담을 덜어주고, 기업 입장에서는 최적화된 콘텐츠를 소비자에게 보여줌으로써 매출을 높일 수 있기 때문에 양측 모두에 도움이 된다.

그런데 여기에는 간과할 수 없는 맹점이 있다. 사용자들의 기본 패턴을 좇아 콘텐츠를 추천하기 때문에 평소에 자신이 가진 취향과 생각만 더욱 강화된다는 것이다. 이는 장기적으로 개인의 주관과 인식을 왜곡시켜 보편적인 것에서 멀어지게 한다. 이를

'확증편향(確證偏向)'이라고 한다. 좀 더 쉽게 말하면 사람은 보고 싶은 것만 본다는 것이다. 이렇게 되면 자기 것만 옳다고 여기며 자신과 다른 생각은 받아들이지 않게 된다. 이는 올바른 사고의 발전을 가로막고 결국엔 나와 타인을 분리해 상대방을 적으로 간주하게 만든다. 결국 이 세상은 만인 대 만인 투쟁의 장이 되고 말 것이다.

로봇의 반란과 킬러로봇의 탄생

'로봇(Robot)'이란 용어는 체코의 소설가 차페크(Karel Capek)가 1920년 발간한 〈R.U.R(Rossum's Universal Robots)〉이라는 희곡에서 처음으로 사용되었다. 로봇의 어원이 체코어의 노동을 의미하는 단어 '로보타(robota)'인 만큼, 로봇의 역할은 인간의 노동을 대신 수행하는 데서 찾을 수 있다. 또 '로봇 공학' 혹은 '로봇을 이용하는'이라는 뜻을 지닌 '로보틱스(Robotics)'는 러시아계 미국인 과학자이자 작가인 아이작 아시모프(Isaac Asimov)가 1942년 그의 작품 〈Runaround〉에서 최초로 사용하였다.

1960년대에 들어서 로봇은 공상의 단계를 넘어 현실로 다가왔다. 최초의 산업용 로봇은 1960년 미국에서 개발된 '유니메이트(Unimate)'로, 이는 포드자동차에서 금형주조 기계의 주물부품을 하역하는 데 사용되었다. 이후 산업용 로봇을 본격적으로 발전시켜 나간 나라는 일본이다. 지능형 로봇 또한 1997년 혼다사가 인간형 로봇 아시모를 등장시킨 이후, 2000년 소니사가 애완로봇 아이보와 춤추는 로봇 큐리오를 탄생시키면서 본격적인 서비스 로봇 시대를 열어 나가게 되었다.

이처럼 로봇 연구가 본격화되면서 협동적인 로봇(collaborative robot)을 줄인 '코봇(cobot)', 인간과 대화를 하는 '챗봇(chatbot)', 로봇을 뜻하는 로보(robo)와 자산운용 전문가를 의미하는 어드바이저(advisor)의 합성어인 '로보어드바이저(robo-advisor)' 등과 같은 각종 신조어가 많이 생겨나고 있다.

한편, 로봇이 지능을 지니고 있는지 여부에 따라서는 일반 로봇과 지능형 로봇으로 구분된다. 앞에서 설명한 로봇들은 모두 일반 로봇에 속한다. 이에 비해 주변 환경을 스스로 인식한 후 자신의 행동을 조절하고 결정하는 로봇을 '지능형 로봇(Intelligent Robots)'이라고 한다. 이는 로봇 자체의 조작기능이나 제어기능에 중점을 두기보다는 사용자와의 상호작용에 집중하여 정보를 제공하거나 감성적인 교감이 가능하도록 유도하고 있다. 로봇의 최고 단계는 스스로 생각할 수 있는 인공지능과 인간의 몸을 결합한 것이 될 것이다.

2016년 휴머노이드(Humanoid Robot) 인공지능 로봇 '소피아(Sophia)'가 대중 앞에 처음 공개되었다. 소피아는 사우디아라비아의 시민권을 취득한 최초의 인공지능 로봇이기도 하다. 그녀의 얼굴은 오드리 헵번을 본떠 만들어졌다고 한다. 소피아는 62개 이상의 얼굴 표정을 지니고 있으며, 농담을 하고 다양한 표정을 지으며 사람과 대화를 나눈다. 사람과 대화를 나눌수록 소피아는 더욱 진화한다고 한다. 즉 상황에 따른 사람의 표정과 제스처 등을 관찰하고 습득해 더욱 인간과 흡사한 표현을 하게 되는 것이다.

물론, 아직까지 소피아는 실제 사람처럼 보이기에는 다소 어색한 표정과 부자연스러운 움직임이 있는 것이 사실이다. 그러나 이를 계기로 휴머노이드 인공지능 로봇 시장 발전에 가속도를 불러일으킬 것으로 기대되고 있다. 이들의 최종 목표는 사람과 동일한 지능을 가진 살아있는 로봇, 인지능력과 상상력을 지닌 인간과 같은 로봇을 만드는 것이다. 언젠가는 영화 〈바이센테니얼 맨(Bicentennial Man)〉에서의 남자 주인공 앤드류 마틴처럼, 그리고 영화 〈허(Her)〉에서의 여자 주인공 사만다처럼 사랑의 감정을 가지고 살아가거나 혹은 실제로 사랑을 나누는 그런 로봇이 탄생할 수도 있을 것이다,

그런데 문제는 여기서부터 시작된다. 자칫 인지능력을 갖춘 로봇이 반란을 일으키거나 킬러로봇이 탄생할지도 모른다는 우려가 나오고 있기 때문이다. 카렐 차페크의 희곡 〈Rossum's Universal Robots〉에는 원시적인 형태나마 로봇이 등장했다. 일종의 블랙 유토피아(black utopia)를 그린 이 작품에선 인간이 만든 로봇이 인간을 지배하는 일이 벌어진다. 미국의 로봇공학자 한스 모라벡도 〈로봇〉, 〈마음의 아이들(Mind Children)〉이라는 저서들을 통해 2050년 이후 지구의 주인이 인류에서 인공지능 로봇으로 바

꿔게 될 것이라고 주장했다. 영국의 로봇공학자 케빈 워릭 또한 〈로봇의 행진(Fantastic voyages)〉이라는 책에서 21세기 지구의 주인은 로봇이 될 것이라고 단언한 바 있다. 그는 2050년에는 기계가 인간보다 더 똑똑해져서 인류의 삶은 기계에 의해 통제될 것이라고 예측했다. 많은 SF 영화가 이런 디스토피아적(dystopia) 상상 위에서 제작됐다.

이런 부류의 책들이 담고 있는 내용은 한마디로 인간과 로봇의 전쟁을 의미한다. 아직은 시간이 걸리는 일이겠지만, 많은 이들이 경고를 하고 있다. 얼마 전 타계한 스티븐 호킹 박사는 "100년 후 AI가 인간을 지배하게 될 것이다, 세계 정부를 구상해 선제적으로 대응해야 한다."고 주장했다. 앞으로 로봇이 인간처럼 감정까지 가지게 될 정도로 진화되어 영화 〈터미네이터〉, 〈매트릭스〉처럼 전쟁이 벌어지면 로봇의 전력이 월등할 것으로 예상된다.

결국 기계인 로봇이 인간을 지배할 가능성이 매우 크다는 이야기다. 대표적인 사례가 킬러로봇이다. '킬러로봇(Killer Robot)'이란 공격용 전투 로봇을 말한다. 일반적인 무기와 달리 인공지능 기술을 활용해 사람의 개입 없이 스스로 판단해 목표물을 추적·공격할 수 있는 것이 특징이다. 넓은 의미에서는 군사 목적으로 활용되는 군사 로봇까지를 포함하여 자동화 무기를 뜻한다.

미국에서는 인공지능이나 킬러로봇이 인간과는 달리 전쟁에 대한 공포를 인식하지 못하는 관계로 20년 안에 핵전쟁을 유발할 수도 있다는 섬뜩한 분석도 나왔다. 한국의 과학기술 연구기관 KAIST도 나중에 해명이 되었지만 이 킬러로봇 생산 논란에 휘말리기도 하였다. 논란이 불거졌을 당시 세계 로봇 학자들은 스위스 제네바에서 열리는 유엔의 자율살상무기 관련 논의를 앞두고 KAIST와 앞으로 어떤 학술협력도 하지 않겠다는 선언을 하기도 했다.

2018년 4월, MIT 공대 미디어랩 연구진은 사이코패스(Psychopath) AI '노먼'을 소개했다. 노먼은 알프레드 히치콕 감독의 영화 〈사이코(Psycho)〉에 등장하는 사이코패스 살인마의 이름이다. 연구진은 노먼에게 죽음과 살인 등 부정적인 이미지와 동영상을 나타낸 정보들만 집중적으로 학습시켰다. 사물의 가장 어두운 면만 학습할 수 있도록 훈련을 받은 것이다. 그 결과 노먼은 연구진이 보여준 그림에서 자살, 교통사고, 총살, 살인과 같은 끔찍한 표현만을 내놓았다. 이에 연구진이 내린 결론은 인공지능이 생성하는 답변이 문제를 일으키는 원인은 알고리즘이 아니라 편견에 치우치거나 그릇된 학습 자료라는 것이었다. 아울러 노먼은 그릇된 정보를 흡수한 인공지능의 위험성을 보여주는 연구 사례라고 말했다.

이처럼 로봇이 인간에게 재앙이 되는 일이 벌어지지 않도록 윤리적 측면에서 킬러로봇이나 사이코패스 로봇의 개발을 제한

해야 한다는 움직임이 일어나고 있다. 이들은 핵무기보다 비용이 저렴하고 대량생산이 가능하기에 분쟁지역 등에서 악용될 수 있기 때문이다.

몇 가지 예를 들어보자. 우선, 미국의 과학자이자 작가인 아이작 아시모프(Isaac Asimov)는 1942년 그의 공상과학 소설 〈Runaround〉에서 '로봇 3원칙(Three Laws of Robotics)'을 제시하였다. 첫째, 로봇은 인간에게 위해를 가해서는 안 되며, 인간이 위험한 상황에 처했을 때 방관해서도 안 된다. 둘째, 로봇은 첫 번째 원칙에 위배되지 않는 한 인간이 내리는 명령에 복종해야 한다. 셋째, 로봇은 첫 번째와 두 번째 원칙을 위배하지 않는 선에서 로봇 자신의 존재를 보호해야 한다. 이후 1985년, 아시모프는 〈로봇과 제국(Robots and Empire)〉을 쓰면서 첫 번째보다 더 중요한 '0 번째 법칙'을 추가하였다. 다른 세 법칙이 인간 개인에게 적용되는 것인데 비해, 이 0번째 법칙은 인류 전체를 위한 것이다. 그 내용은 "로봇은 인류에게 해를 가할만한 명령을 받거나 행동을 하지 않음으로써 인류에게 해가 가해지는 것을 방치해서도 안 된다."이다.

이외에도 2013년에는 노벨 평화상 수상자인 조디 윌리엄스와 인권단체 등이 킬러로봇 반대 운동을 조직했다. 2015년에는 스티븐 호킹과 애플 공동 설립자 스티브 워즈니악을 비롯해 1,000여 명의 인공지능 및 로봇 공학 연구자들이 인공지능 관련 국제회의(International Joint Conference on Artificial Intelligence)에서 인공지능 전쟁 금지를 권고하는 서한에 서명하기도 했다. 2017년에도 일론 머스크를 포함한 로봇 분야 전문가 116명은 유엔에 보낸 서한에서 "킬러 로봇이 개발될 경우 전쟁 속도가 예상하지 못할 정도로 빨라질 것"이라며, 인공지능 로봇을 군사무기로 활용하는 킬러로봇의 위험성을 경고하였다.

빅브라더가 지배하는 통제된 세상

영국의 경제 주간지 〈이코노미스트(Economist)〉는 "세상의 가장 가치 있는 자원은 더 이상 석유가 아닌 데이터이다. 마침내 데이터경제가 도래했다."고 하면서 다음과 같이 부연 설명했다. 스마트폰과 인터넷이 데이터를 한층 더 가치 있고 풍부하게 만들고 있다. 또 자동차와 시계 등의 기기들이 인터넷에 연결됨에 따라 데이터의 규모는 점점 더 커지고 있다. 따라서 과거 석유가 그랬던 것처럼 데이터가 수집/채취/제련 등의 과정을 거쳐 새로운 사업기회의 독점체제를 만들어내고 있으며, 다량의 데이터를 확보한 기업늘이 권력자가 되었다는 것이다.

'빅 데이터(Big Data)'는 기존 데이터보다 너무 방대하여 기존의 방법이나 도구로 수집/저장/분석 등이 어려운 정형 및 비정형 데이터들을 의미한다. 빅 데이터 기술의 발전은 다변화된 현대사회를 더욱 정확하게 예측하여 효율적으로 작동케 하고 있다. 또한 개개인마다 맞춤형 정보를 제공/관리/분석 가능케 하며 과거에는 불가능했던 기술을 실현시키고 있다. 컴퓨터와 처리기술이 발달함에 따라 디지털 환경에서 생성되는 빅 데이터를 기반으로 사회현상의 변화에 관한 새로운 시각이나 법칙을 발견할 가능성도 커졌다. 이같이 빅 데이터는 정치 · 경제 · 사회 · 문화 · 과학 기술 등 전 영역에 걸쳐서 사회와 인류에게 가치 있는 정보를 제공할 수 있는 가능성을 키우고 있다.

하지만 빅 데이터의 발전은 커다란 문제점도 지닌다. 다름 아닌 바로 사생활 침해나 개인정보 유출의 문제가 발생할 수 있다는 것이다. 빅 데이터는 수많은 개인들의 대규모 정보의 집합이다. 그렇기에 빅 데이터를 수집/분석할 때 개인들의 사적인 정보까지 수집하여 관리하는 '빅브라더(Big Brother)' 현상이 나타날 수도 있는 것이다. 그렇지 않아도 데이터 권력으로 불리는 빅 데이터가 절대적 권력자의 손에 들어가고 국민의 정보를 지속적으로 얻는 순간 사실상 세상을 완벽하게 통제하는 것이 가능해진다.

'빅브라더(Big Brother)'란 정보를 독점해 사회를 통제하는 거대 권력자 또는 그러한 사회체제를 일컫는다. 영국의 소설가 조지오웰의 소설 〈1984년〉에 처음 등장한 용어이다. 〈1984년〉은 가상의 나라인 전체주의 국가 오세아니아에서 권력을 쥐고 있는 당(黨)이 허구적 인물인 빅브라더를 내세워 체제를 유지하고 통제하려는 모습을 그리고 있다. 절대적 존재인 당은 음향과 영상까지 전달되는 텔레스크린(telescreen)을 거리와 가정에 설치해서 사람들의 일거수일투족을 철저히 감시하고 통제한다.

전체주의적인 체제하에서 자행되는 역사와 기억의 집단적 왜곡, 개인의 존엄성과 자의식의 파괴가 얼마나 끔찍한 것인지를 보여 주고 있다. 1949년 발표된 이 작품은 당시 공산주의와 나치즘을 풍자하고 있는데, 현대인에게는 전체주의적 사고의 위험성 그리고 인공지능이 지배하는 사회에 대한 경고로도 받아들여질 수 있다.

2006년 개봉된 영화 〈브이 포 벤데타(V for Vendetta)〉도 이런 상황을 묘사한 작품이다. 시민들의 모든 것은 감시당하고 있고 불만 세력은 빅브라더 정권에 의해 납치와 고문으로 보답 받는다. 불만은 저항으로 이어지지 못하고, 단지 강요된 평온만이 있을 뿐이다. 하지만 엄혹한 공안정국이 만들어내는 표면적인 질서 밑에는, 수많은 이들이 경제적 어려움과 차별 등을 겪고 있다. 사람들은 무표정하게 일상을 영위하면서, 통제에 길들여진 만큼 그런 사회적 모순에 대해서도 눈을 감는다.

IT 인프라가 발전된 시대를 살고 있는 우리는 다양한 빅브라더와 함께 일상을 보내고 있다. 대표적인 것이 CCTV와 생체인식 시스템이다. CCTV는 점차 스마트 CCTV로 진화하고 있는데, 이는 범죄자를 인공지능으로 판별해내고 범죄와 사고 현장을 자동으로 분석하는 도구로 이용되고 있다. 한편, 생체인식 기술은 얼굴과 지문, 홍채와 음성 등 인간의 생체적 특징을 신원확인에 이용함으로서 빅브라더가 되고 있다. 테러 위협이 끊이지 않는 유립과 미국 등에서는 안면인식 기술을 활용한 보안 시스템이 개인 정보 침해라는 문제점에도 불구하고 공항과 대형쇼핑몰 등 다중이용시설에서 적극 활용되고 있다. 최근에는 금융 분야에서도 비대면 거래가 급증하면서 생체인식 기술의 활용도는 더 크게 늘어나고 있다.

여기에 더해 인공지능 로봇 및 드론을 대량 배치하여 국민을 실시간 감시하는 빅브라더가 탄생할 여지도 없지 않다. 특히 실생활에서 그 활용도가 크게 늘어나고 있는 드론의 경우 주택 담장 안까지 접근함에 따라 사생활 침해 우려가 커지고 있다. 이에 버락 오바마 전 미국 대통령은 드론에 대한 가이드라인을 만들라는 행정명령을 내리기도 했다.

사회통제 기술면에서 세계 최고 수준인 중국은 이제 뇌파측정 등으로 사람들의 머릿속까지 통제하고 있다. 뇌 감시 연구는 서구 선진국에서도 이뤄지지만, 실제 산업현장에 전면적으로 적용된 것은 중국이 처음이다. 저장(浙江) 성의 각 가정과 기업에 전력을 공급하는 기관인 국가전망(國家電網) 저장전력은 2014년부터 뇌감시 시스템을 시행하였다. 책임자는 "만일 중요한 임무를 맡은 직원이 격한 감정의 변화를 일으킨다면 전체 생산라인에 큰 위험을 불러올 수 있다. 이 경우 관리자는 그 직원에게 하루 휴가를 주거나 다른 임무를 맡긴다. 처음에는 이러한 시스템에 대한 거부감이 컸지만, 이제는 모두 익숙해졌다. 그 결과 기업경영을 개선하고 수익을 끌어올리는 데 큰 도움을 얻었다."고 밝혔다.

이후 중국 정부는 이 뇌감시 시스템을 공공병원 관리, 항공조종사 등 공공운송, 심지어는 군사관리에도 활용하는 방안을 이미 추진 중이거나 도입 여부를 검토 중인 것으로 알려지고 있다.

오늘날 빅브라더는 세계 도처에 널려 있다. 중국·러시아처럼 정보기술을 통제하고 감시도구로 사용하는 국가만이 빅브라더가 아닌 것이다. 오히려 페이스북·구글 같은 글로벌 인공지능 기술 기업, 상세한 개인정보를 요구하는 빅 데이터, 다른 사람의 사적 영역을 엿보려는 기술 사용자들의 끝없는 욕망이 더 강력한 빅브라더일 수 있을 것이다. 여기에다 디지털 세상을 살아가는 이용자들은 빅브라더에게 저항하지 않는 것은 물론이고, 오히려 편리함을 위해 개인정보(privacy)를 빅브라더들에게 자발적으로 제공해 주고 있는 실정이다.

사람들은 구글, 페이스북, 애플, 아마존 등의 글로벌 IT 기업들을 '21세기 빅브라더'라고 부른다. 미국의 정보기술 연구 및 자문 회사인 가트너(Gartner, Inc.)는 미래가 밝은 IT기업들을 조사 발표했다. 그런데 이들의 특징은 모두가 디지털관문을 차지하고 데이터를 수집한다는 것이다. 우리가 트윗하고, 문자 메시지를 보내고, 온라인에서 물건을 사고, 또 스마트폰으로 위치 정보를 보낼 때마다 생성되는 이 막대한 디지털 정보는 모두 어딘가에 저장된다.

구글(Google)은 모바일 검색시장을 점령하고 있고, 애플(Apple)은 전 세계 2억 명 이상의 소비자에게 아이폰을 팔았다. 페이스북 (Facebook)은 30억 명에 달하는 가입자들이 스스로 매일 수많은 사진과 동영상, 그리고 글을 올려주고 있어 손쉽게 데이터를 쌓고 있다. 유통공룡 아마존(Amazon) 역시 온라인(on-line)과 오프라인(off-line)의 상거래 데이터를 축적하고 있다.

이들은 위치추적 시스템(GPS) 정보를 기반으로 사용자가 필요로 하는 제품과 서비스를 판매하고 있다. 이를 통해 우리가 누군지, 어디에서 누굴 만나고 무엇을 좋아하는지 까지 파악할 수 있다. 그들은 수년 간 수집한 빅 데이터를 활용해 은밀하게 우리를 살펴보고 있는 중이다. 마음만 먹으면 이용자의 사생활을 팔아 얼마든지 돈을 벌 수 있는 디지털 공룡이 돼버린 이들은 전지전능한 독재자가 되어 가고 있다.

한편, 이렇게 모은 데이터가 보안문제로 유출된다면 이는 커다란 사회문제가 될 것이다. 여기에다 사회가 감당하기 어려울 만큼 데이터가 폭증하고 있는데 이걸 관리할 전문인력이 없다는 것, 그리고 데이터를 분석하던 회사가 망해 버리면 그 데이터는 어디로 흘러가는지 등의 문제도 제기되고 있다.

2018년 3월, 페이스북은 개인 정보유출로 커다란 논란에 휩싸였다. 페이스북에서 8,700만 명의 개인정보가 영국의 한 정보회사로 넘어갔고, 유출된 정보들은 브렉시트(Brexit) 여론전과 2016년 미국 대선 여론조사 등의 선거전략에 이용되었다는 사실이 밝혀졌다. 이 사실이 폭로되면서 페이스북 CEO인 저커버그는 의회청

문회에 출석하여 공개사과를 하였고, 회사는 50억 달러의 벌금을 부과 받았다.

이처럼 현대사회의 빅데이터 정보시스템과 이를 남용하는 체제인 빅브라더는 개인 사생활 침해 우려가 크다. 이로 인해 정부가 요주의 인물로 분류한 사람의 일거수일투족이 상시 감시되는 조지 오웰의 소설 〈1984년〉에 나오는 일들이 현실화될 가능성이 커지고 있다. 특히 안면인식 기술은 아직도 그 정확성이 떨어지기 때문에 상용화에 신중을 기해야 한다는 목소리가 높아지고 있다. 만약 안면을 잘못 인식하게 되면 엉뚱한 사람이 피해를 입는 등 예기치 못한 불행한 결과를 초래해서 사회가 극심한 혼돈과 불안 상태에 빠져들 수도 있기 때문이다. 한마디로 앞으로 인류는 누군가의 감시와 통제 아래 무기력하게 살아가게 될 가능성이 커지고 있다.

생명공학 발전에 따른 인구의 폭발

2018년 한국의 합계출산율은 1명이 채 되지 않는 0.98명에 불과하였다. 지난 2005년 1.08명까지 떨어지며 충격을 던졌던 합계출산율은 정부가 각종 저출산 대책을 내놓으며 한동안 1.1~1.2명 선을 횡보했지만 2017년 1.05명으로 추락한 후, 급기야 1명 선마저 붕괴됐다. 현재의 인구 수준을 유지하기 위한 최저선이 2.1명임을 감안하면, 출산율 0.98명은 인구가 반 토막 나는 수준이라 해도 과언이 아니다.

이러한 출산 기피에서 비롯되는 출산율의 급격한 하락으로 인해 80년 후에는 인구가 현재의 절반으로 감소하고, 인구감소로 인해 지방이 소멸하게 될 뿐 아니라 결국 지구상에서 한국인이 소멸하게 될지도 모른다는 암울한 예측까지 나오고 있다. 2006년 데이빗 콜먼(David Robert Coleman) 옥스퍼드대 교수는 저출산으로 인한 '인구 소멸 국가 1호'로 한국을 지목했다. 즉 지금의 출산율이 그대로 이어진다면 2100년에는 인구가 현재의 절반도 안 되는

2천만 명으로 줄어들게 되고, 2300년이 되면 소멸 단계에 들어서게 된다는 것이다.

한편, 이와 같이 인구소멸을 우려하는 한국과는 다르게 세계 인구는 여전히 증가하는 추세에 있다. 유엔 경제사회국(DESA)이 발표한 '2019 세계 인구전망' 보고서에 따르면, 세계 인구는 2019년 77억 명에서 2100년 109억 명에 도달 것으로 예상되고 있다. 보다 구체적인 보고서 내용은 다음과 같다. 우선 금세기 말까지 주로 아프리카 국가들의 인구가 크게 늘어날 것으로 보고 있다. 즉 나이지리아 · 콩고 · 탄자니아 · 에티오피아 · 앙골라 · 파키스탄 등 6개국에서 늘어난 인구가 전체 인구 증가의 절반을 차지한다는 것이다. 또 2027년부터는 인도가 중국을 제치고 세계최대의 인구대국으로 부상하며, 나이지리아는 2047년부터 미국을 제치고 세계 3대 인구 대국으로 부상할 것으로 예상하고 있다. 그 결과 2100년 '10대 인구 대국'은 1위 인도를 비롯해 중국, 나이지리아, 미국, 파키스탄, 콩고, 인도네시아, 에티오피아, 탄자니아, 이집트 순이 될 것으로 보고 있다.

세계 인구가 앞으로도 계속 늘어날 것으로 주장하는 근거는 다양하다. 그중에서도 가장 설득력이 있는 것은 생명공학과 인공지능 기술이 발전에 따라 인간의 수명이 길어긴다는 것이다. 실제로도 무병장수(無病長壽)와 불로장생(不老長生)에 대한 꿈이 어느 정도 진전되고 있는 상황이다. 이제 웬만한 병은 인공지능이 알아서 처방과 치료를 해줄 뿐만 아니라, 아예 병이 발생하지 않도록 하는 사전예방 기술도 발전하고 있다.

현재 의료분야에서 인공지능을 가장 많이 활용하고 있는 플랫폼은 IBM의 '왓슨(watson)'이다. IBM은 왓슨을 기반으로 유전체 분석, 신약 개발, 임상시험, 의료영상 분석 등 암 진단이 가능한 의료 생태계를 구축하고 있는 중이다. 더욱이 이제는 의사의 도움 없이 스스로 병을 진단할 수 있는 인공지능 의료기기가 미국에서 처음 판매 허가를 받았다. 전문의처럼 환자에게 진단서를 발급할 수 있는 인공지능 의사가 탄생한 것이다. 세계 첫 의료용 인공지능 플랫폼 IBM 왓슨이 의사를 보조해 암 진단을 했다면, 이번 인공지능 의료기기는 한발 더 나가 사람을 대신하는 단계로 발전했다.

미국 식품의약국(FDA)은 2018년 4월, 미국 의료기기업체 IDx가 개발한 안과용 인공지능 의료기기 'IDx-DR'에 대해 최종 판매 승인을 내렸다. IDx-DR은 환자의 눈 영상을 분석해 당뇨 망막병증을 진단한다. 당뇨 망막병증은 고혈당으로 인해 망막 혈관이 손상돼 시력이 떨어지는 질환이다. 심할 경우 시력을 완전히 잃게 될 수도 있다. 이 의료기기가 본격 보급될 경우 환자는 병원에서 오랜 시간 전문의 진료를 기다리지 않고, 일반 의사나 간호사의 도움을 받으면서 간편하게 검사를 할 수 있을 전망이다.

신약 연구개발에도 인공지능이 활용되고 있다. 유전체, 약 사용량, 약물 부작용 등 방대한 바이오·보건의료 빅데이터 분석에 인공지능을 활용한다. 일반적으로 신약개발을 위해 한 명의 연구자가 조사할 수 있는 자료는 한해 200~300여 건이다. 이에 비해 인공지능은 한 번에 100만 건 이상의 논문을 탐색할 수 있다. 분석 능력 또한 비교할 수 없을 정도로 뛰어나다. 글로벌 제약·바이오 업체에서 AI의 가능성에 주목하는 배경이다. 세계 최대 제약사인 화이자는 IBM의 인공지능 왓슨과 손을 잡고 새로운 면역 항암제 개발에 나서고 있다. 이에 머지않아 아프거나 병원 신세를 지게 될 일이 없게 될 것이며, 늙지 않고 젊음을 유지하면서 지금보다 훨씬 더 오랫동안 살게 되는 무병장수의 시대가 열릴 것으로 기대되고 있다. 더욱이 앞으로 유전자(gene)와 염색체(chromosome), 즉 게놈(genome)에 대한 연구까지 더 발전한다면 언젠가 인간은 영원히 젊음을 유지한 채 죽지 않는 이른바 '불로영생(不老永生)'의 세상이 열리게 될지도 모를 일이다.

냉동인간은 생체시간이 멈추어 세포가 노화하지 않은 그대로 보존되며, 이러한 목적은 의학이 발달한 미래에 다시 소생시켜 병을 치료하거나 생명을 연장시키려는 것이다. 간암으로 시한부 인생을 살던 미국의 심리학자 제임스 베드퍼드가 냉동인간의 시조로서, 1967년 75세의 나이로 미래에 암 치료법이 나올 때까지 영차 196℃의 질소탱크 속에 들어가기를 자청하였다. 이후 냉동인간 지원자는 계속 늘어나고 있으며, 미국 애리조나 주에 위치한 알코어 생명연장재단에만도 150여 명이 일종의 부활을 꿈꾸며 냉동고에 잠들어 있다. 재단은 이들을 '냉동시신'이 아닌 환자로 규정한다. 스스로 21세기 판 불로장생 프로젝트의 개척자를 자임한 셈이다.

이처럼 불로장생에 대한 연구는 오래전부터 진행되어 왔지만 인간의 노화방지 연구가 보다 본격적으로 진행되기 시작한 시점은 2009년이다. 세포 속 생명시계인 '텔로미어'의 역할을 확인한 엘리자베스 블랙번 교수 등이 노벨 의학상을 타면서다. '텔로미어(Telomere)'는 세포 속 유전자의 끝부분을 감싸고 있는 유전자 조각으로 그 길이가 줄어들지 않으면 노화가 일어나지 않는다. 한마디로 인간의 노화와 건강악화의 유발과 밀접한 연관이 있는 핵심적인 요소라는 것이다. 이후 구글과 페이팔, 오라클 등의 기업들이 뛰어들면서 실리콘밸리가 생명공학과 노화 연구의 산실로 떠올랐다.

그중에서도 '인간수명 500세 프로젝트'를 추진 중인 구글은 보다 가시적인 성과를 나타내고 있다. 구글의 생명공학 계열사인 칼리코는 2018년, 인터넷 국제학술지 〈이라이프(eLife)〉를 통해 늙지 않는 동물인 '벌거숭이두더지쥐'를 발견했음을 밝혔다. 즉 수명이 다할 때까지 노화가 거의 진행되지 않는 동물을 처음으로 확인한 것이다. 칼리코는 이 벌거숭이두더지쥐가 늙지 않는 비결을 밝혀내 인간의 수명 연장에 적용하겠다는 계획이다. 칼리코는 구글 공동 창업자인 세르게이 브린과 래리 페이지가 노화(老化)의 비밀을 알아내 인간의 수명을 획기적으로 연장하기 위해 2013년

설립한 회사다.

칼리코의 로셸 버펜스타인 박사 연구진은 지난 35년 동안 키운 벌거숭이두더지쥐 3천여 마리의 사육 기록을 조사했다. 그 결과 생후 6개월부터 평생 동안, 1일 사망 위험률이 1만 마리당 1마리 꼴로 거의 변화가 없다는 사실을 확인했다. 인간을 포함한 동물의 노화와 수명은 일반적으로 나이가 들수록 사망률이 기하급수적으로 증가한다는 '곰퍼츠의 사망률 법칙(Gompertz law of mortality)'을 따른다. 이에 의하면 인간의 경우 30세 이후 사망률이 8년마다 두 배로 늘어나는 것으로 알려졌다. 그러나 '벌거숭이두더지쥐'는 특이하게도 이 법칙을 따르지 않는다는 게 칼리코 연구진이 내린 결론이다.

벌거숭이두더지쥐는 아프리카에 사는 몸길이 8cm의 땅속 동물로, 이름처럼 몸에 털이 거의 없다. 수명이 32년으로 같은 몸집의 쥐보다 10배나 길다. 사람으로 치면 800세 이상 사는 것이다. 암에도 걸리지 않고 통증도 느끼지 않는다. 심지어 산소가 없어도 18분을 견딜 수 있다. 연구진은 "벌거숭이두더지쥐는 DNA나 단백질 손상을 바로잡는 능력이 탁월하고, 나이가 들어도 그 능력이 계속 유지되는 것이 늙지 않는 비결이다."라고 설명했다.

한편, 인체의 복잡한 단백질의 생성과정과 구조를 예측할 수 있다면 질병을 고치는 여할을 하거나 전혀 다른 기능을 하는 새로운 단백질을 디자인할 수도 있다. 그러나 단백질 구조의 복잡성과 경우의 수가 거의 무한대에 가깝기 때문에 단백질 구조를 모두 규명하는 것은 과학계의 오래된 난제이자 숙원사업이었다. 구글은 이에 대한 도전장을 내밀었다. 구글의 자회사 딥마인드는 앞으로 인체 단백질 3차원 구조의 비밀을 풀고 신소재 설계와 같은 인류의 난제를 해결하는 데 '알파고 제로(AlphaGo Zero)'의 알고리즘을 적용한다는 계획을 세우고 추진해 나가고 있다. 알파고 제로는 지난 2016년 인간과 인공지능 간 세기의 바둑대결을 통해 우리에게 잘 알려진 인공지능 프로그램이다. 만약 이 프로젝트가 성공을 거둔다면 인간의 불로장생의 꿈은 마침내 현실로 다가오게 될 것이다.

이처럼 다양한 생명공학의 발전을 통해 인간의 수명이 늘어나고 나아가 죽지 않게 된다면 지구촌에는 인구가 폭발적으로 증가하게 될 것이다. 그런데 이 인구 폭발은 다양한 문제를 일으킨다. 우선 자원고갈 문제가 야기될 것이다. 전문가들은 가용자원 측면에서 지구가 수용 가능한 인구를 100억 명 정도라고 보고 있다. 그런데 세계인구가 그 범위를 벗어난다면 치열한 자원 확보 전쟁이 벌어질 게 뻔하다. 영국의 고전파 경제학자 토머스 맬서스(Thomas Robert Malthus)는 1798년 출간한 그의 저서 〈인구론 (An Essay on the Principle of Population)〉에서 인구증가를 억제해야 한다는 논리를 펼쳤다. 그의 주장에 따르면 인구의 자연증가는 기하급수적인 데 비해, 생활에 필요한 물자는 산술급수적으로만 증가하므로 과잉인구로 인한 빈곤의 증대가 불가피하다는 것이다.

인구증가는 각종 범죄 발생의 우려 문제도 야기하게 될 것이다. 이를 역사상 가장 인구밀도가 높았던 구룡채성(九龍寨城)을 통해 알아보자. 구룡채성은 영국령 홍콩 내에 존재했던 중국 영토였다. 그러나 실제로는 홍콩과 중화인민공화국 양쪽의 주권이 미치지 못한 특수지역이었다. 복잡다단한 거대한 무허가 건축물로 이루어진 빈민가로, 불과 0.03㎢의 면적에 무려 5만 명의 주민이 살고 있었다. 인구밀도를 환산하면 190만 명/㎢로서 역사상 최고의 인구 밀도를 가진 곳이었다.

이곳은 원래 2~3층 규모의 단독주택들이 모여 있는 곳이었다. 그러나 사람들이 몰리면서 증축에 증축을 거듭하여 15층까지도 쌓아 올려졌다. 이 때문에 미로와도 같은 골목이 생겨났고 닭장처럼 빽빽한 아파트가 들어차서 대낮에도 햇빛을 못 보고 전등을 켜서 살아야 하는 곳이 되었다. 항상 어둡고 습기로 축축한 환경, 그리고 건물과 건물 사이의 공간이 없어서 수도관이나 전기배선 등이 천장에 늘어지게 되면서 특유의 괴기스러운 분위기를 풍기게 되었다. 그 결과 건물붕괴, 화재, 위생 문제 등이 수없이 발생했지만, 이곳에는 변변한 병원조차 없었다.

더욱이 난민들이 우후죽순으로 몰려들면서 폭력조직인 '흑사회'의 주 활동무대가 되었으며 상상할 수 있는 모든 범죄 행위들이 벌어졌다. 홍콩에서 가장 유명한 성매매업소, 도박과 아편굴, 갱단 등 폭력집단 소굴, 무허가 한의원 등 불법업소와 무력집단들이 이곳에 자리를 잡았다. 1993년 이곳이 헐리기 전까지 이곳은 살인사건이 벌어져도 경찰이 손을 대지 못하는 진정한 무법지

대였다.

    생명공학과 인공지능의 발달로 사람이 죽지 않고 오랫동안 혹은 영원히 살 수 있게 된다면, 이는 정녕 축복일까? 지구가 수용할 수 있는 인구수를 훨씬 상회하는 인구, 그마저도 고령의 노인들로 가득한 세상, 여기에 로봇까지 넘치는 지구촌을 상상해 보라! 그것은 축복이 아니라 오히려 재앙 그 자체일 것이다.

유전자 조작을 통한 괴물의 탄생과 복제인간의 출현

유전자 변형 생물(GMO, Genetically Modified Organism)이란 생명공학 기술을 이용하여 유전자를 인위적으로 변형시킨 새로운 생물을 말한다. 대표적인 예로 알이 크고 오랜 기간 보관해도 무르지 않는 토마토, 제초제에 내성이 있는 옥수수, 동물성 단백질을 생산해 내는 콩 등이 있다. 이 유전자 변형 생물은 해충에 대한 저항성 혹은 화학 살충제와 제초제에 내성을 갖는 작물을 만들어 생산 효율을 높이고, 영양학적으로도 우수한 식품을 얻을 수 있다. 따라서 전 세계적으로 증가하는 식량 문제와 기아 문제를 해결할 수 있으며, 바이오 연료의 원료로도 사용될 수 있다.

반면, 이렇게 유전자가 변형된 생물들은 인간의 건강이나 환경에 좋지 않은 영향을 줄 수 있는 잠재적인 위험성도 갖는다. 유전자 변형 생물을 만드는 과정에서 새롭게 생성된 단백질의 독성이나 알레르기 유발 가능성 등이 충분히 검증되지 않았다. 그리고 안정성에 대한 연구가 생명공학 회사들과 식품회사들에 의해 주도되었기 때문에 신뢰할 수 없다는 비판을 받고 있다. 또한 새로운 생물체가 생태계에 도입될 경우, 그 증식을 억제하지 못하거나 생태계 교란을 가져올 수도 있다는 것이다. 아르헨티나의 차코마을에서는 1990년대 중반부터 GMO 콩이 심어지고 살충성분인 글리포세이트가 들어간 제초제가 뿌려졌다. 그런데 20년이 지난 시점에서 차코의 신생아 30%는 기형아로 태어났고, 주민들은 뇌성마비·종양·암 등 각종 질병에 시달리고 있는 것으로 나타났다.

그동안은 식물에 대한 유전자 조작이 일반적이었으나 점차 동물에 대한 유전자 조작도 성공을 거두고 있다. 세계 최초로 포유류 동물에 유전자 조작을 통해 체세포 복제를 성공시킨 사례는 1996년 영국에서 탄생한 아기양 '돌리(clone sheep Dolly)'다. 1981년부터 여러 나라에서 쥐·양·토끼 등을 복제해왔지만, 돌리는 다른 복제 생물과는 달리 완전히 자란 다른 포유동물의 세포로부터 복제된 최초의 포유류이다. 돌리는 6년 6개월 만에 폐선종에 걸려 2003년 안락사 당했다. 이후 같은 방식으로 개·고양이·돼지 등의 많은 포유동물들이 복제됐다. 1999년 당시 서울대 황우석 교수 팀이 개발한 '영롱이'도 그 중 하나다.

이제는 영장류의 복제도 이루어지고 있다. 대부분 국가는 영장류 복제가 인간 복제로 이어질 수 있다는 우려로 영장류 복제를 금지하고 있다. 그러나 새로운 기술을 발전시키고 불로장생을 향한 인간의 욕망은 끝이 없었다.

2018년 초 중국과학원 신경과학연구소(Chinese Academy of Sciences Institute of Neuroscience)는 체세포 핵치환 방식으로 원숭이 두 마리를 복제했다고 발표했다. 중국은 또다시 2019년 초에는 원숭이 5마리를 복제하는 데 성공했다. 이번에는 유전자 편집방식을 활용하였다. 중국과학원의 연구팀은 체외수정한 원숭이 수정란을 유전자 편집한 뒤 암컷의 자궁에 이식해 원숭이가 태어나도록 했다고 밝혔다. 그러나 사람과 가장 유사한 유전자 속성을 지닌 영장류 복제가 이루어지면서 거센 윤리 논란을 불러일으켰다.

이러한 농작물이나 동물에 대한 유전자 조작보다 더 심각하게 다가오는 문제는 바로 인간에 대한 유전자 조작 나아가 복제인간의 출현이다. 2018년 11월, 중국 과학자 허젠쿠이(賀建奎)는 세계 최초로 유전자를 변형한 '유전자편집 아기'를 탄생시켰다. 당연히 거센 생명윤리 논란이 불거졌다. 2019년 3월 세계 7개국 18명의 생명과학 관련 학자들은 "향후 최소 5년간 인간 배아의 유전자 편집 및 착상을 전면 중단하고, 이 같은 행위를 관리 감독할 국제 기구를 만들어야 한다."는 성명서를 발표했다. 문제가 커지자 중국정부도 그를 대학에서 해고하고 연구활동도 중단시켰다. 하지만 과학자들의 성명서는 위협을 경고하는 선언에 그쳤고 어떤 구속력을 지닌 것은 아니었다.

중국에 이어 러시아에서도 유전자를 편집한 아기를 탄생시킨다는 계획을 발표하였다. 2019년 5월, 러시아의 분자생물학자인 데니스 레브리코프는 CCR5 유전자를 인간 배아에 편집해 HIV 양성반응을 보이는 여성에게 이식시키는 실험을 구상 중이라고 밝혔다. 이는 에이즈^(AIDS)의 원인인 인체면역결핍바이러스^(HIV)를 세포가 차단해 감염이 일어나지 않게 한다는 원리다.

세계 각국이 연구 목적의 인간 배아 유전자 편집을 허용하지만, 이 배아를 여성의 자궁에 실제로 착상시키는 것은 금지하고 있다. 이유는 두가지다. 하나는 인간의 존엄성 훼손 우려와 같은 윤리적 이유이며 다른 하나는 유전자 편집의 부작용으로 인류 전체가 위험에 처할 수 있다는 과학적 이유에서이다.

윤리적 측면에서 제기되는 문제는 맞춤형 아이, 이른바 디자이너 베이비를 생산할 수 있다는 데서 비롯된다. '디자이너 베이비^(Designer Baby)'란 시험관 속 인간배아^(胚芽)의 유전자를 원하는 대로 편집해 질병을 고치거나, 특정 기능을 강화하는 방법으로 태어난 아기를 말한다. 이 경우 수정란을 유전자 편집함으로써 부모가 원하는 형질의 아이, 예를 들어 지능이 뛰어난 아이, 운동신경이 좋은 아이, 키가 큰 아이 등을 만들어내는 게 가능해진다. 그런데 이 디자이너 베이비가 실제로 출현할 경우, 이렇게 만들어진 아이들을 '인간'으로 볼 수 있는지 하는 문제가 제기된다. 인간의 존엄성에 기초한 기존 사회 가치관이 근본부터 무너질 수 있기 때문에 과학윤리에 대한 심각한 우려와 함께 종교계를 중심으로 강력한 반발이 예상된다.

과학적 측면에서도 문제가 있을 수 있다. 즉 유전자 편집 과정에서 신종 바이러스의 출현 등 예상하지 못한 결과가 나타날 수도 있다는 것이다. 더욱이 아직 인간 게놈 프로젝트(Human Genome Project)나 크리스퍼 가위 (CRISPR gene scissors) 등 유전자 가위기술이 완벽하지 않기에 위험한 결과가 나올 가능성은 매우 높은 편이다. 유전자 가위기술이란 사람의 몸속에 잘못된 유전정보를 가진 DNA를 인위적으로 잘라내고 좋은 유전 정보를 끼워 넣는 기술을 뜻하는데, 크리스퍼는 가장 최근에 개발된 유전자가위를 가리킨다.

그런데 이와 같은 예상 문제점들은 앞으로 복제인간이 출현될 경우 훨씬 더 심각하게 제기될 것으로 예견된다. 복제인간(複製人間, human clone)이란 생명공학적으로 복제된 인간을 말하며, 인위적인 쌍둥이라고 할 수 있다. 인간복제를 옹호하는 사람들은 의학적으로 난치병을 치유하고, 장기와 신경조직상의 문제로 인해 고통을 받는 사람들에게는 새 생명을 얻게 해주는 장점을 내세운다. 그러나 인간복제와 복제인간 출현에 따른 문제점들은 상상키 어려울 정도로 복잡하고 다양하다.

첫째, 종교와 윤리적 문제이다. 윤리적으로는 인간복제가 인간의 존엄성을 크게 훼손한다는 것이다. 물론 복제인간이 원래의 개인과 똑같지 않다는 반론도 가능하지만 지금까지 신성한 것으로 여겨왔던 인간의 생명을 인간이 조작한다는 사실 자체가 인간의 존엄성을 훼손하는 행위라는 것이다. 아울러 인간복제 연구 및 시술 과정에서 수많은 수정란이나 배아가 희생될 것이 분명하기 때문에 이것 또한 인간 생명의 존엄성에 반한다는 주장도 있다.

둘째, 사회적 문제이다. 인간복제가 가능해진다면 현재 인류 사회의 근간을 이루는 결혼과 가족 제도가 심각한 위기를 맞게 될 것이다. 친족관계가 혼란에 빠질 것은 물론이고 반드시 결혼을 하거나 남녀가 결합하지 않아도 아기를 가질 수 있기 때문에 다양한 형태의 가족이 등장하게 될 것이다. 즉 독신자나 동성애자 커플들도 부모가 될 수 있게 된다.

또 복제기술을 통해 부모가 되려는 이들은 가급적 우수한 유전형질을 가진 아기를 낳으려 할 것이기 때문에 새로운 우생학적 차별과 그에 따른 사회계급이 생겨날지도 모른다. 이런 상황은 심각한 사회불안의 요소가 될 것이다. 나아가 인류 사회가 보통 인간과 복제인간의 두 부류로 분열될 가능성도 존재한다. 또 전통적인 성역할과 남녀 개념 역시 커다란 전환을 겪게 될 것이다.

셋째, 법률적 문제이다. 혈연과 가족 공동체에 기반을 둔 법리가 엄청난 혼란에 빠진다는 것이다. 우선 복제된 인간의 법률적 지위를 어떻게 볼 것인가의 문제가 있다. 아버지의 복제인간은 내게 형제인가 작은아버지인가, 혹은 아무 것도 아닌가? 이는 유산 상속과 보험 등 친족제도와 관련된 모든 법률에까지 미친다. 또 헌법에 보장된 인간의 자유와 평등권은 인간 종의 단일성과 균질성을 전제로 한 것으로 복제된 인간이 등장한다면 이 또한 큰 혼란에 빠질 것이다. 아울러 임신 및 출산과 관련된 법규들도 적용이 어려워질 것이다.

넷째, 기술적 문제도 만만치 않다. 아직까지는 인공자궁을 만들 수 없기에 수정란을 만들어도 결국 여성의 자궁에 착상시키는 수밖에 없다. 물론 대리모를 동원한다는 구상을 할 수도 있지만 이 역시 윤리적 문제가 남는다. 따라서 인공자궁이 개발되기 전까지는 막대한 장기이식 수요를 감당하는 것은 현실적으로 불가능에 가깝다.

끝으로 무엇보다 우려스러운 것은 유전자 조작과 편집기술의 발전이 예기치 않은 경악스러운 상황을 불러올지도 모른다는 점이다. 쓰임새가 있다는 이유로 또는 단순한 호기심으로 또는 악의적 의도로 인간과 동물의 교접을 통한 '괴물'의 탄생을 시도할 여지마저 없지 않다. 이 경우 세상은 상상하기 어려운 혼돈에 빠져들 것이다. 이런 상황이야말로 예언자들이 예견한 그 '지구의 종말'이 아닐까?

타임머신의 출현과 시간여행의 저주

이 세상에는 두 개의 시간이 존재한다. 하나는 절대적인 시간, 즉 '크로노스(chronos)'이며, 다른 하나는 상대적인 시간 즉 '카이로스(kairos)'이다. 크로노스란 자연적으로 흘러가는 시간을 말한다. 해가 뜨고 해가 지면 하루가 지나고, 지구가 태양의 주위를 한 바퀴 돌고 나면 일 년이 지나간다. 지나간 인류의 역사도 크로노스의 시간이다. 인간으로서는 선택하기도 또 관리할 수도 없는 신의 영역이라 할 것이다. 이에 비해 카이로스는 시공간을 초월한 질적인 시간을 뜻한다. 다시 말해 감정과 의미가 부여된 시간을 뜻하는데, 물리적으로 동일한 시간이라도 상대적으로 느끼는 시간의 길이는 크게 달라질 것이다. 예컨대 사랑하는 사람과 지내는 시간은 너무나 짧은 데 반해 힘들게 보내는 시간은 '일각(一刻)이 여삼추(如三秋)'로 느껴지는 것이다.

사람들은 통제가 불가능한 절대적 시간 즉 크로노스의 세계를 여행하는 것도 가능할지 모른다는 상상을 오래 전부터 해왔다.

나아가 이제는 단순한 상상을 넘어 현실적으로도 시간여행이 가능하다는 이론이 등장하고 있으며, 실제로 이를 시도하려는 움직임마저 진행되고 있다.

시간 여행(time travel)은 일반적으로 타임머신 등을 이용하여 시간을 넘나드는 것을 뜻한다. 아직까지는 시간여행을 실질적으로 가능하게 하는 기술은 없다. 그렇지만 많은 이론 물리학자들은 그리 멀지 않은 시간 안에 가능해질 것이라고 주장한다. 이 시간여행을 실제로 가능케 하는 과학기술이 바로 '타임머신'이다. 실제 물리학에서도 미래로 가는 시간여행은 이론상으로 가능하다는 사실이 밝혀지고 있다.

허버트 조지 웰스가 1895년 중편소설 〈타임머신(The Time Machine)〉을 발표한 이후, 시간여행을 주제로 한 작품은 계속 만들어지고 있으며 앞으로도 만들어질 것이다. 이유인즉 시간여행이란 인간의 끝날 줄 모르는 상상력을 충족시켜 주는 흥미로운 주제이기 때문이다. 마블시리즈를 마무리하는 영화 〈어벤져스/ 엔드게임(Avengers: Endgame)〉의 메인 테마도 시간여행이었다. 전 세계 생명체 절반이 사라진 지구를 살리기 위한 방법으로 어벤져스는 양자역학을 활용한 시간여행을 선택한다.

이 밖에도 영화 〈백 투 더 퓨처(Back to the Future)〉, 〈인터스텔라(Interstellar)〉, 〈어바웃 타임(About Time)〉, 〈미드나잇 인 파리(Midnight in Paris)〉 등 시간여행을 주제로 한 작품들은 과거와 미래를 오가며 스토리를 펼친다. 이렇듯 시간여행이라는 개념은 현대의 스토리

텔링 소비자들에게 자연스럽게 받아들여지고 있는 것이다. 더욱이 이런 내용이 완전히 허구라고 치부해버릴 것만도 아니다. 학자들은 여전히 시간여행에 대한 연구와 실험을 계속해 나가고 있기 때문이다.

사실 시간여행의 가능성에 대한 논쟁은 상당히 오래 전부터 있어왔고 지금도 여전히 뜨겁게 일어나고 있다. 월터 피트킨 컬럼비아대 교수는 시간여행을 경박한 상상이라며 비판하는 대표적 인물이다. 그는 "타임머신이 시간을 뚫고 질주하면 타임머신에 탄 사람도 나이를 먹어야 한다. 시간을 여행하는 동안 사람은 공간의 변화를 온몸에 받아들이며 때로는 벽돌 밑에 깔려야 한다." 면서 시간여행의 불가능을 주장하였다.

그러나 아인슈타인은 이런 사고를 정면으로 반박하였다. 그의 특수상대성 이론에 따르면 동시성의 상대성에 따라 과거, 현재, 미래가 동시에 존재한다. 즉 특정 관성계의 현재 기준이 그 관성계의 상황에 따라 다르기 때문에 한 관성계의 미래가 다른 관성계에서는 과거일 수 있다는 주장을 했다. 그는 또 시간이 상대적이라는 생각을 하였다. 시간은 주관적이고 상대적인 것이기 때문에 인간은 현재를 살면서도 동시에 과거를 살아갈 수 있다는 것이다. 상대성이론에 기반을 둔 이런 생각이 바로 시간여행 상상의 근거가 되고 있다.

더욱이 그는 시간여행이 굉장히 쉬운 일이라고까지 역설하였다. 블랙홀에 근접하여 빛의 속도에 가깝게 가속하기만 하면 시간여행이 가능하게 된다는 것이다. 블랙홀 근처에서는 가속과 중력 둘 다 시간을 상대론적으로 느리게 하기 때문에 우주선에서 한두 살만 나이를 먹고도 100년 뒤의 집으로 돌아갈 수 있다는 것이다.

상대성이론(相對性理論)에 의한 시간여행을 보다 구체적으로 살펴보자. 우선, 미래로 가는 시간여행이 물리적으로 가능하다는 사실은 광범위하게 인정받고 있다. 두 가지 방법이 있는데, 하나는 자신이 직접 빛의 속도와 가깝게 여행해서 상대성 이론에 따른 시간 지연을 일으키는 것이다. 다른 하나는 블랙홀이나 중성자별 같은 초 중력체, 혹은 광속으로 운동하는 물체 주변에서 일어나는 시공간 왜곡 현상을 이용하는 방법이 있다. 다만, 이는 엄밀히 말하자면 미래로 간다기보다는 자신의 시간을 더디게 만드는 것이다. 영화 〈인터스텔라〉를 떠올리면 이해하는 데 도움이 될 것이다. 고 중력장 내에서 시간이 느리게 흐르는 것을 이용해 블랙홀 주변에 있다가 다시 밖으로 빠져나왔을 때 자신의 시점에서는 몇 분 정도밖에 지나지 않는다. 그러나 자신을 제외한 세계는 몇 십 년이 지나가 있게 되는 것이다.

이에 비해 과거로 가는 시간여행은 미래로의 그것에 비해 아직까지는 가능성이 확실히 인정받고 있지 못하다. 빛이 속도에 가까울수록 시간이 느려지므로 빛보다 빨리 달리면 시간이 거꾸로 흐를 수 있겠지만, 아직까지 빛보다 빠른 물질은 발견되지 못하였다. 또 티플러 원통(Tipler cylinder), 우주끈(cosmic string), 웜홀(wormhole) 등처럼 시공간을 왜곡하는 시간성 폐곡선(Closed Timelike Curves) 물질이 형성되면 가능할 것이나, 이 역시 현재의 과학 수준을 아득히 넘어선다는 게 문제다.

그러나 시간여행의 가능성을 이야기하는 논문과 타임머신을 제작하겠다는 시도는 지금도 여전히 진행되고 있다. 천재 물리학자 스티븐 호킹 박사도 타임머신에 대한 연구를 했다고 한다. 특히, 코네티컷 대학의 물리학자 로널드 몰렛은 '레이저 광학형 타임머신 송수신기(LOTART, Laser Optical Time machine and Receiver Transmitter)' 제작 구상에 대한 특허를 출원했고, 미국 정부는 이 아이디어에 대해 조건부 특허를 인정했다.

그러면 실제 타임머신이 나타나고 시간여행이 이뤄진다면 어떤 일들이 일어날까? 암담한 현실에서 도피하고 싶은 생각에서 과거 잘나가던 시절로 돌아가거나, 혹은 보다 나은 삶을 꿈꾸며 미래의 세계로 여행할 수가 있을 것이다. 또 미래의 정보를 활용하여 사업과 투자활동 면에서 대박을 터뜨릴 수도 있을 것이다. 그러나 축복보다는 재앙으로 나타날 가능성이 훨씬 더 크다. 모든 것이 생경한 과거나 미래의 사회에 제대로 적응한다는 보장이 없다. 오히려 정신병자로 취급 받거나 왕따가 될 가능성이 더 크다. 또 미래 정보를 수집하기 위한 경쟁이 치열해지면서 어떤 정보가 정확한지가 애매해지는 등 혼란이 가중될 공산도 크다. 조지 웰스의 1895년 소설작품 〈타임머신〉에서도 암울하고 절망적인 지구의 미래를 제시하고 있다. 작품에서는 당시 사회를 지배하고 있던 과학과 기계 장치에 대한 무비판적인 열광 속에 숨겨진 어두운 측면을 경고하고 있다.

이를 타임 패러독스를 통해 알아보자. '타임 패러독스(Time Paradox)'란 타임머신 등을 이용해서 시간여행을 할 때 발생하는 모순을 뜻한다. 이는 현재의 나와 미래의 나 자신이 공존하며, 죽음이라는 것 자체가 존재하지 않게 될 것임을 의미한다. 만일 시간여행자가 자신의 부모가 태어나기도 전의 과거로 여행해서 자신의 조부를 살해한다면 어떻게 되는가? 심지어 과거로 돌아가 자기 자신을 죽이는 일이 있다면? 만약 이와 같은 일이 벌어진다면 과거의 자신이 성장하여 미래의 자신이 될 일은 없다. 그렇다면 지금의 자신은 어떻게 되는가? 존재하는가, 존재하지 않는가? 그러면 과거의 자신이 죽을 일은 있는가, 없는가? 이에 대한 답변을 보다 구체적인 예를 통하여 알아보자.

시간여행 중에 과거로 간 사람이 어떤 남자와 부딪쳐 그를 다치게 했다. 다친 남자는 회사에 면접을 보러 가게 되어 있는데 면접을 볼 수 없게 되고, 그래서 원래 다녀야 할 회사에 못 다니게 되고, 본래 사귀어야 할 그 회사의 여직원과 사귀지 못하게 되고, 그 결과 원래 해야 할 결혼을 못하고, 본래 낳아야 할 아이를 못 낳게 된다. 그런데 이 아이가 바로 당신이라면 당신의 존재는 소멸한다. 당신이 소멸한다면 당신이 과거로 넘어가 아버지와 부딪혀 넘어진다는 사실도 성립할 수 없게 된다.

보다 더 섬뜩한 사례도 있다. 타임 패러독스를 극한까지 끌어 낸 케이스로 로버트 하인라인의 단편 〈그대들은 모두 좀비〉(All You Zombies)〉가 있다. 주인공 제인은 시간여행단에 가입하여 과거와 미래를 오가는 사이 다양한 사람들과 사랑을 나누고 성교행위도 갖는다. 더 나아가 성전환수술도 이루어진다. 이런 과정에서 자기가 자신의 어머니인 동시에 아버지이고, 남편이자 부인이며 아들과 딸도 겸하고 있는데, 이 모든 행위는 원인이자 결과이기도 하다.

등장인물들의 족보를 그려 보면 결국 모든 선들이 원을 그리며 중심으로 돌아오게 된다. 거기다가 자신의 앞뒤 세대가 아예 없어진다. 정확히 말하자면 자신이 자신의 선조이자 후손이 되는 결과에 이른다. 한마디로 세상이 뒤죽박죽 혼란과 무질서로 가득하게 되고 결국 멸망의 길로 들어서게 될 것이다.

UFO의 출현과 외계인의 침공 가능성

미확인 비행물체를 뜻하는 UFO(unidentified flying object)를 목격했다는 보고 건수는 전 세계적으로 연간 8천 건 이상에 달한다. 일반적으로 목격자들은 목격된 물체가 외계에서 온 물체이거나, 어쩌면 군용 비행체일 수도 있지만 틀림없이 지능이 있는 자들이 조종하는 것으로 여긴다. 이러한 추론은 UFO들이 무리를 이루어 편대비행을 하며, 그들의 방향·밝기·움직임이 일정하다가도 어떤 의도를 가진 것 마냥 갑작스럽게 변화한다는 사실에 바탕을 두고 있다. 다만, 보고의 신빙성은 2명 또는 그 이상의 서로 무관한 목격자들이 있었는지 여부, 안개와 조명 등의 관측상태, 그리고 관측방향 등에 따라 차이가 나게 된다.

UFO 미스터리는 '로즈웰사건'이 그 시발점이다. 1947년 미국 뉴멕시코 주 로즈웰(Roswell)에 UFO가 추락해 미군이 비행접시 잔해와 외계인 사체를 수거해 갔다는 소문이 퍼졌다. 그 이후 지금까지도 전 세계 곳곳에서는 UFO를 보았거나 촬영했다는 주장이 매일 나오다시피 한다. 미국은 세계에서 UFO 목격담이 가장 많이 나오는 나라다. 미국 네바다 주의 군사시설 '51구역(Area 51)'은 스텔스기를 비롯한 첨단 비행 무기 실험장이라는 것이 정설이다. 그러나 기지 주변의 경계가 매우 삼엄한데다 정체를 알 수 없는 항공기가 자주 출몰하면서 이곳에서 외계인과 UFO를 연구하고 있다는 음모론이 끊이질 않는다. 2019년 9월에는 그 실체를 알아보기 위하여 이곳을 공격하자는 이벤트에 200만 명 이상의 인파가 몰리는 기이한 일도 벌어졌다.

UFO는 제2차 세계대전 이후 우주항공 공학이 발전하면서 주요 관심사가 되었다. 1948년 미국 공군은 '블루 북(Blue Book) 계획'이라는 UFO 보고서 철을 보관하기 시작했다. 1969년까지 블루 북 계획에는 1만 2,618건의 UFO에 대한 목격 또는 사건의 보고가 기록되었다. 그리고 각각의 기록들은 이미 밝혀진 대로 천문·대기·인공적인 현상으로 '확인'되거나, 정보가 충분하지 못한 경우를 포함해서 '미확인'으로 분류되었다. 이 계획은 물리학자 콘던이 작성한 보고서에서 내린 결론을 바탕으로 1969년 12월에 종결되었다. 콘던은 보고서를 통해 '외계인 가설(ETH)'을 확실하게 부인했으며, 더 이상의 조사는 필요 없다고 선언했다. 백악관도 2011년 UFO에 대한 공식 답변에서 "미국 정부는 지구 밖에 어떤 생명체가 있다는 증거 혹은 외계 존재가 인류와 접촉한 적이 있다는 증거를 갖고 있지 않다."고 발표했었다.

그런데 2019년 6월, 미 국방부는 미국 상원의원들에게 UFO 기밀 브리핑을 했다. 이에 따르면 미군 전투기 조종사들이 훈련 도중 UFO를 여러 번 목격했다고 한다. 이들은 2014년 여름부터 2015년 3월까지 대서양 연안 상공에서 거의 매일 이상한 비행체들이 나타났으며, 이들 물체에는 눈에 보이는 엔진이 없었음에도 극초음속으로 3만 피트 상공까지 도달했다고 전했다. 더욱 놀라운 것은 그 물체가 온종일 그 자리에 있었으며, 움직이는 방향도 자유자재로 바꾸었다는 것이다. 조종사들은 이 비행체가 미국 정부의 기밀 고성능 드론 프로그램의 일부라고 생각했지만, 자칫 충돌할 뻔한 일까지 발생하자 안전을 우려해 상부에 보고했다.

　　이처럼 UFO에 대한 미국 국방부의 정책에 변화의 조짐이 보이고 있다. 그러나 미 국방부가 UFO를 인정한다는 것은 아니다. 다만, 식별할 수 없는 비행 물체를 보다 더 잘 이해할 필요가 있음을 인정한 것이다. 즉 "군사 작전 중 조종사나 군인이 물체를 식별할 수 없다면 이는 심각한 문제이다. 다행히도 미군은 공중의 이상 물체를 식별할 수 있는 첨단기술을 보유하고 있다."고 밝혔다.

　　미군은 UFO를 통하여 이상 물체를 식별하는 과정을 점차 개선해 나가고 있다. 현재 미군은 이상 물체 식별을 효율화하기 위해 인공지능 등 새로운 기술을 활용하고 있다. 이러한 새로운 기술에는 센서에서 들어오는 모든 신호를 분석하기 위해 그것들을 결합하고, 또 식별할 수 없는 관측치는 분리하는 시스템도 포함되어 있다. 시스템은 인근 차량이나 궤도 위성에도 센서를 할당하여 실시간으로 추가 정보를 수집할 수 있기에, 훨씬 더 완벽한 이미지를 확보할 수 있다.

외계인$^{(外界人)}$이란 직역하면 바깥 세계에서 온 사람이지만, 일반적으로는 지구 바깥에 사는 인간과 비슷하거나 그 이상의 지성을 가진 생명체를 포괄적으로 뜻한다. 영어로는 흔히 외부인을 통칭하는 에일리언$^{(Alien)}$으로 칭하지만, Extraterrestrial life를 사용하기도 한다. 여기에서 따 온 약칭이 다름 아닌 'E.T'이다.

외계인의 존재에 대해서 현대과학으로는 단정적으로 있다고 말할 수도 또 없다고 말할 수도 없다. 사람이 관찰 가능한 우주에만도 천억 개에 가까운 은하가 있고, 또 각 은하마다 천억에 달하는 별들이 있다. 그렇지만 전체 우주의 크기를 아는 것은 아니며 또한 생명체가 존재하는지 여부, 생명체가 지성을 발전시키는 쪽으로 진화할 확률 등 그 어느 것에 대해서도 아직 알지 못하기 때문이다. 달과 화성을 제외한 태양계 내 모든 천체에도 생명이 없다고 확언하지 못한다는 것이다. 더 나아가 달과 화성에도 생명체가 존재할 가능성이 있다고 주장하는 이도 있다.

〈시간의 역사〉를 쓴 영국 물리학자인 스티븐 호킹은 인류가 앞으로 천년 내에 지구를 떠나지 못하면 멸망할 수 있다고 경고하였다. 그는 "점점 망가져가는 지구를 떠나지 않고서는 인류에게 새천년은 없으며, 인류의 미래는 우주탐사에 달렸다"고 강조했다. 이 같은 위기 속에서 인류는 '제2의 지구$^{(Earth 2.0)}$'를 찾아 나서고 있다. '제2의 지구'란 사람이 살 수 있는 지구 같은 외계행성을 뜻한다.

다수의 천체 연구기관들은 이 제2의 지구를 찾는다는 야심찬 프로젝트를 추진 중에 있다. 특히 미국 항공우주국 나사(NASA)는 2009년 우주망원경을 케플러 우주선에 장착하여 쏘아올림으로써, '제2의 지구'와 '외계 생명체'란 공상속의 단어들을 과학의 영역으로 끌어들였다. 이것이 바로 '케플러(Kepler) 미션'이다. 이 과정에서 NASA는 크기나 위치 등 각종 조건으로 미루어 지구와 유사한 자연환경을 가졌고 또 생명이 존재할 가능성도 상당히 높은 것으로 판단되는 행성들이 다수 존재한다는 것을 밝혀냈다. 지금까지 NASA를 비롯해 여러 기관에서 발견한 외계행성 중 지구와 가장 비슷한 환경을 가진 강력한 제2의 지구 후보 중에는 케플러-452b, 글리제 832c, 캅테인 b 등이 있다.

2019년 7월에는 케플러를 대체한 새로운 행성 사냥꾼 '테스(TESS)'가 지구에서 약 73광년 떨어진 우주에서 이른바 '슈퍼어스(super-Earth)'로 불릴만한 태양계외 행성(exoplanet)을 찾아냈다. 광년이란 빛이 진공 속에서 1년동안 진행한 거리를 말한다. 'TOI 270 시스템'으로 명명된 이 행성계에는 항성인 TOI 270 주변으로 지구보다 약간 큰 TOI 270 b와 해왕성만한 크기의 행성 TOI 270c와 d가 공전하는 것으로 관측됐다. 특히 항성으로부터 가장 멀리 떨어진 TOI 270d의 평균 온도는 약 66도로 추정되면서 생명체의 거주 가능성이 있는 것으로 분석되고 있다.

그런데 외계인이 존재한다면 그들이 지구를 침략할 가능성도 있다는 가설이 제기된다. 만약 인류와 비슷한 탄소 생명체라면 대기가 있는 지구는 그들이 살기 적절한 행성이라고 생각하여 침략할 가능성이 있다. 또 인류의 존재 자체가 외계인에게 위협적이라고 판단할 경우에도 외계인은 충분히 지구를 침략할 여지가 있을 것이다.

더욱이 외계인이 이미 지구를 지배하고 있다는 음모론마저 없지 않다. 이들의 주장에 의하면 지금 현재 세계를 지배하고 있는 생명체는 보통 인간이 아니라, 파충류 외계인(Reptilian)들이다. 그들은 '일루미나티(Illuminati)' 사탄 의식을 행하는 자들이며, 그 의식과정에 인간을 희생 제물로 드리고 희생 제물인 인간의 피를 마신다. 그들은 세계 각국의 정부를 배후에서 조종하고, 자기들의 장기구상에 따라 세계의 정치와 경제, 전쟁 등 모든 것을 주관하고 있다는 것이다.

또한 이 일루미나티의 계급은 단계적으로 층을 이루는데, 핵심 세력은 렙틸리언(Reptilian)이라고 하는 파충류 외계인이라는 것이다. 일루미나티 피라미드 조직에서 가장 높은 곳에는 그들의 신인 루시퍼가 있고, 바로 아래 실질적인 지배계층인 렙틸리언들이 있다. 그리고 그 아래에는 하수인 격인 상류층 인간들이 있으며, 가장 낮은 계층에 일반 대중들이 존재한다는 것이다.

이와같이 지구가 점점 망가져서 사람들이 살 수 없는 곳이 될 것이라든지, 외계인이 존재하며 지구를 침략할 것이라는 여러 주장들 또한 지구 종말론의 근거가 되고 있는 것이다.

자원의 고갈과 자원전쟁 확산

우리가 사용할 수 있는 자원의 양은 끝없이 많은 것이 아니라 한정되어 있기에 그 양을 모두 사용하고 나면 더 이상 사용할 수 없게 된다. 이것을 자원의 유한성이라고 한다. 이로 인해 언젠가 자원은 고갈되기 마련이다. 자원고갈이란 깨끗한 물, 석유·석탄과 같은 화석 연료, 푸른 숲, 맑은 공기 등 우리의 삶을 지탱해 주는 자원들이 하나씩 파괴되어 가고 다 써서 없어지고 있는 현상을 말한다.

인류는 문명을 이룩한 지 몇 천년이 되지 않은 상황에서 수 십억 년을 영위했던 지구의 자원을 순식간에 탕진시키고 있다. 특히 산업혁명 이후 인구가 급증하고 산업활동이 비약적으로 발전하면서 자원의 소비가 급증하여 이들 자원의 가채연수(可採年數)는 점점 더 짧아지고 있다. 가채연수란 어떤 자원이 확인된 매장량을 연간 생산량으로 나눈 지표로, 앞으로 얼마나 오랫동안 자원을 채굴할 수 있는가를 보여주는 지표이다.

인구가 증가하면 의식주에 필요한 자원의 수요가 늘어난다. 식량이 부족한 국가에서는 산림을 농지로 개발하면서 산림자원이 고갈되고 있다. 또 기상이변으로 사막화가 심화되면서 산림자원과 수자원의 고갈현상이 일어나고 있다. 그리고 제조업의 발전에 따라 원자재로서의 광물자원과 에너지 생성을 위한 화석연료가 무차별적으로 채취되고 있다. 자원의 소모가 이런 속도로 이어진다면 인류사회는 얼마가지 않아 자원고갈의 문제에 직면하게 될 것이다.

특히 현대 경제사회의 가장 중요한 에너지원인 화석연료는 형성되는 데 수 백 만년이 걸리는 비 재생자원이다. 이런 사실을 감안한다면 매장량 고갈이 가져올 문제의 심각성은 이루 다 말하기 어렵다. 고갈전이라도 매장량 감소는 필히 엄청난 가격의 인상을 초래하고, 이는 수많은 관련 산업들의 붕괴로 이어질 것이며, 실업과 기아, 사회안전망의 대 혼란을 야기할 것이다.

물론, 대체에너지가 개발되면서 이 자원고갈론을 반박하는 견해가 나오고 있기는 하다. 그러나 대체에너지를 개발하는 데는 시간과 비용이 많이 소요될 뿐만 아니라 생산과정에서 환경을 해치는 일도 발생하고 있다. 더욱이 이마저도 결국은 고갈될 것이기 때문에 완벽한 대안이 될 수 없다는 것이다.

한편, 자원은 매장량이 한정되어 있다는 사실도 그러하지만 매장이 특정지역에 편중되어 있다는 것 또한 커다란 문제가 된다. 이는 국제분쟁의 불씨가 되거나 매장국가에 축복이 아닌 오히려 재앙으로 다가올 수도 있기 때문이다. 석유분쟁이 대표적인 예이다.

1973년 10월 6일, 이집트와 시리아가 주축이 된 아랍 연합군이 이스라엘을 침공하였다. 이를 제4차 중동전쟁, 또는 이스라엘의 종교적 휴일인 욤키푸르 날에 발발했기에 '욤키푸르 전쟁'이라고 부른다. 이로부터 10일 후인 16일에는 페르시아만의 6개 석유수출국들이 석유수출국기구(OPEC) 회의에서 원유가격 인상과 생산량 감축을 발표했다. 중동전쟁에서 석유를 정치적인 무기로 사용할 것을 선언한 것이다. 이에 따라 1973년 초 배럴당 2달러 59센트였던 중동산 기준원유 값은 1년 만에 11달러 65센트로 무려 4배 가까이 올랐다. 이것이 세계 제1차 석유파동의 시작이었다.

제1차 석유파동은 1978년 일단 진정되었으나, 1979년 초 이란의 지도자 호메이니가 주도한 이슬람혁명을 계기로 다시 제2차 석유파동이 일어났다. 호메이니는 전면적인 석유수출 중단에 나섰고, 이로 인해 배럴당 13달러대이던 유가는 20달러를 돌파했다. 더욱이 1980년 9월 '이란/이라크' 전쟁으로 30달러 벽이 깨졌고, 사우디아라비아가 석유무기화를 천명한 1981년 1월에는 39달러로 치솟았다. 그러다가 1981년 10월, 34달러 선에서 단일화됐다. 1978년의 12달러 70센트에서 무려 168% 오른 것이다.

그러면 앞으로 얼마동안 더 석유를 생산할 수 있을까? 그동안 전문가들은 지금의 생산량으로는 향후 40~50년이면 석유가 고갈될 것이라는 의견을 내놓았다. 다만, 셰일가스(shale gas)의 발견으로 사정이 나아지고는 있다. 셰일가스란 모래 · 진흙이 굳어 만들어진 암석층에서 발견되는 천연가스를 말한다.

그러나 셰일가스의 출현에도 불구하고 기본 에너지 자원인 화석연료의 사용 연한은 길어보았자 200년 정도에 불과할 것이라는 의견이 지배적이다. 더욱이 셰일가스의 매장량 대부분은 북아메리카 지역에 집중되어 있다. 이에 과거 중동을 중심으로 형성됐던 에너지 주도권이 조만간 아메리카 대륙으로 넘어갈 것이라는 전망까지 나오고 있다.

희토류(稀土類, rare earth metal)와 콜탄도 이런 문제를 안고 있는 자원이다. 희토류란 희유금속의 한 종류인데, 말 그대로 '희귀한 흙'이라는 뜻이다. 희토류는 하나의 광물이 아니고, 란타넘(La), 세륨(Ce), 프라세오디뮴(Pr), 네오디뮴(Nd), 프로메튬(Pm) 등 17개 원소를 합쳐서 가리키는 용어이다. 이들 원소는 세계적으로 매장량이 적어서 매우 희귀하다. 희토류는 열과 전기가 잘 통하기 때문에 전기 전자 · 촉매 · 광학 · 초전도체 등에 쓰인다. 실제로 전자제품, 스마트폰, 전기 자동차, 풍력발전 모터, 액정표시장치(LCD), 군사 장비 등의 핵심 부품으로 활용되고 있다.

희토류는 매년 12만 5천여 톤이 소비되는데, 이들의 90% 이상을 중국이 공급하고 있다. 이런 환경 덕에 희토류는 중국의 산업과 외교에 유용한 자원이 됐다. 단순 조립형 제조업 구조에서 벗어나겠다는 이유를 들어 2006년부터 희토류 수출을 줄이기 시작한 것이다. 중국은 2010년 센카쿠 열도 문제로 일본과 분쟁을 겪었을 때 희토류 수출 중단 카드를 꺼내들었다. 당시 일본은 억류했던 중국어선 선장을 석방하며 백기를 들었다.

2018년에도 미국이 관세인상과 통신장비업체인 화웨이 제재 등 무역전쟁을 일으키자 중국은 희토류 보복 카드를 만지작거리기 시작했다. 각종 첨단제품의 필수 원료인 희토류를 중국이 수출 중단할 경우 미국은 커다란 타격을 입게 되기 때문이다.

콜탄(Coltan)은 피의 광물, 혹은 자원의 저주라고 불리는 광물이다. 콜탄은 처리 과정을 거치면서 강도가 세지고 전하량도 높아 광학용 분산유리와 TV · 절삭공구 · 항공기 재료 등에 쓰이며 핸드폰에도 들어간다. 콜탄이 IT 산업의 필수 광물로 쓰이면서 특히 스마트폰 부품으로 사용되면서부터 가격이 급등하였다. 콜탄 1위 생산국은 콩고이며, 2위는 르완다이다. 두 나라가 전 세계 생산량의 80%를 차지하고 있다.

이 콜탄의 가격이 급등하자 콩고의 내전 장기화에 한몫했다는 주장이 나오고 있다. 콜탄 광산을 두고 정부군과 반군 사이에 분쟁이 끊이지 않고 있기 때문이다. 핸드폰 이용자들이 기기를 바꿀 때마다 콩고 국민 수십 명이 죽는다는 말도 있다. 판매수익의 대부분이 반군으로 유입되고, 채취 과정에서 아동노동력 착취, 성적학대 등이 인권유린 행위가 벌어지고 있기 때문이다. 그래서 '피어린 핸드폰(bloody mobile)'이란 표현이 나올 정도다.

한편, 산림자원도 점차 고갈되고 있다. 특히 지구의 허파이자 생태계의 보고인 열대우림 지역의 숲이 급속도로 파괴되고 있다. 서울 여의도 면적의 38배에 해당되는 열대우림이 매일같이 없어지고 있는 것이다. 15억 ㏊를 넘어섰던 열대우림 지역은 현재 절반도 안 되는 약 6억 ㏊만이 남아 있는 것으로 추정된다.

이런 추세를 막지 못하면 향후 열대우림이 완전히 자취를 감출 가능성도 배제할 수 없다. UN 기후변화에 관한 협의체(IPCC)는 보고서를 통해 아마존 열대우림 지역의 훼손으로 이번 세기 안에 숲의 70% 가량이 사라질 수 있다고 분석했다. 브라질 열대우림은 1988년 이후 2018년까지 30년 동안 78만 3천㎢가 사라졌다. 독일 국토면적의 2배, 남한 면적의 7.8배에 해당한다. 아시아 열대우림도 마찬가지다. 말레이시아 보르네오 섬 사라왁 주에서는 벌목으로 2001~2016년 사이 2만 5,260㎢의 열대우림이 사라졌다. 이러한 열대우림의 파괴는 지금 현재도 진행 중에 있다.

열대우림을 보유한 국가들이 산림을 파괴하는 이유로는 인구증가와 그에 따른 경제개발의 필요성에 의해서, 혹은 전통적인 생활방식을 고수하는 주민들의 가축방목과 연료 채취 때문이기도 하다. 아마존에서는 주로 가축 사육을 위한 목초지 조성, 농작물 재배를 위한 농경지 확보 등의 이유로 삼림이 훼손되고 있다. 이에 비해 인도네시아에서는 팜유(Palm oil)를 얻기 위한 야자수 농장이 늘어나면서 1990~2015년 영국 전체 면적에 해당하는 24만 ㎢의 숲이 사라졌다. 이는 브라질 열대우림이 줄어든 속도보다 더 빠른 것이다.

또 하나의 중요한 자원고갈 문제는 물 부족 문제이다. 지표의 70%가 바다로 뒤덮인 지구에서 물이 부족하다는 것은 어불성설로 들릴지 모른다. 하지만 중요한 것은 얼마나 많은 물이 있느냐가 아니라 '사용 가능한 물의 양'이다.

지구상에 존재하는 대부분의 물은 염분이 가득한 해수이고, 전체 물중에서 담수의 량은 2.5% 정도이다. 이마저도 대부분은 얼음과 영구적인 눈에 덮인 형태로 존재하며, 인간이 사용할 수 있는 호수나 강의 물은 전체 수자원 중 0.01%에 불과하다고 한다. 그럼에도 불구하고 인간의 물 소비량은 과거에 비해 폭발적으로 늘어났고, 산림 파괴 등으로 인해 수원(水原)이 고갈되면서 물 부족은 점점 심해지고 있다. 그나마 남은 물도 부영양화(富營養化)와 중금속 오염 등으로 더럽혀지는 실정이다.

인간의 몸은 약 70%가 물로 구성되어 있다. 만약 지구촌에 물 부족 현상이 일어난다면 더 이상 인간은 살아나가기 어려울 것이다.

3장
자연이 만든 종말,
기상이변과 자연재해의 대재앙

- 오존층의 파괴와 뜨거워지는 지구
- 바닷물 속으로 가라앉는 섬과 대륙
- 대기오염으로 숨을 쉴 수 없게 된 세상
- 자연생태계의 파괴와 생물의 멸종
- 인류가 무심코 버린 플라스틱과 쓰레기의 역습
- '불의 고리'가 초래할 종말의 충격과 공포
- 운석 낙하와 소행성과의 지구 충돌

인 류 의   종 말 은   어 떻 게   오 는 가 ?

오존층의 파괴와 뜨거워지는 지구

    2019년의 유럽대륙은 펄펄 끓었다. 6월 유럽의 평균 기온이 기존 역대 최고였던 1999년 기록을 약 1℃ 가량 웃돌았다. 이는 또 최근 수십 년간의 기온 추세를 토대로 산출된 예상치보다도 약 1℃도 더 높은 것이었다. 유럽대륙뿐만 아니라 전 세계적으로도 2019년 6월 평균 기온은 역대 최고를 기록하였다.

    2019년 6월 28일, 프랑스 남동부 프로방스 근처에 있는 작은 도시 갈라르그 르 몽퇴(Gallargues-le-Montueux)의 낮 최고기온이 45.9℃까지 치솟았다. 프랑스 역대 최고기온이 경신된 가운데 사고가 곳곳에서 일어났다. 이미 프랑스는 지난 2003년 최악의 폭염으로 2주 동안 노인 등 무려 1만 5천여 명이 사망하는 등 큰 피해를 본 전례가 있었다. 이에 당국은 긴장하지 않을 수 없었다. 프랑스뿐만 아니라 독일·폴란드·체코·이탈리아·스페인 등 전 유럽이 모두 역대 6월 최고기온 기록을 연일 경신하면서 폭염 피해가 속출하였다.

또 북아메리카 최북단 미국 알래스카 주의 최대도시 앵커리지는 7월 평균 최고기온은 18℃인데, 2019년 7월 초로 접어들면서 기온이 32℃도를 웃돌아 50년 만에 최고온도 기록을 경신했다. 하기야 중동은 50℃를 오르내리는 게 거의 일상화되고 있는 실정이다.

우리가 살고 있는 지구는 빙하기 이후부터 계속 따뜻해지고 있으며, 최근 들어 이런 추세는 가속화되고 있다. 이 온난화 현상은 산업화 과정에서 온실가스가 많아지고 이산화탄소$^{(CO_2)}$ 농도가 높아지고 있는 데 기인한다. 19세기 말 산업화 시대 이전에는 280ppm에 불과했던 대기 중의 이산화탄소 농도가 지난 100년 사이 빠르게 증가했다. 미국 해양대기청(NOAA, National Oceanic and Atmospheric Administration)은 2015년 3월, 인류가 대기 중의 이산화탄소 농도를 관측한 이후 처음으로 전 지구 월 평균이 400ppm을 넘어섰다고 발표하였다. 그 결과 지구의 평균 기온은 19세기말 산업화의 급속한 진전이 이뤄지던 시기에 비해 약 1℃ 정도 높아졌다.

이산화탄소는 대기 중에 오래 머무르는 성질이 있고 대기에 열이 축적되면 다시 이산화탄소가 대기 중으로 배출되는 악순환의 고리를 지닌다. 이 때문에 앞으로 매우 오랜 기간 동안 대기 중의 이산화탄소 농도는 400ppm 이상을 유지할 것으로 예상된다. 이는 지금부터 10년 또는 20년 동안 이산화탄소 배출을 전면 중단해도 지구는 계속 더워진다는 애기다.

UN 기후변화에 관한 정부 간 협의체(IPCC, Intergovernmental Panel on Climate Change)보고서에 따르면 기상관측이 개시된 1880년 당시의 지구표면 온도는 13.8℃이었다. 그런데 2015년 14.95℃까지 상승하였다. 더욱이 온도상승의 속도는 갈수록 더 빨라지고 있다. 즉 최근 35년 동안 빠른 속도로 온난화가 이루어지고 있으며, 특히 21세기 들어서 극심해지고 있다. 또 특단의 대책 없이 지금과 같은 온실가스의 배출량이 지속된다면, 2100년 지구의 평균 온도는 지금보다 3.7℃ 더 상승하며 해수면은 무려 63cm 더 높아질 것으로 예측하고 있다.

과학자들은 현재 지구의 온도는 19세기 말에 비해 1℃ 가량 상승한 상태지만, 만약 지구 평균기온이 2℃ 이상 상승할 경우 더 이상 기후변화를 예측하고 제어하는 것이 불가능해질 것으로 전망하고 있다. 이는 시베리아 영구동토층, 남극 및 그린란드 빙하의 해빙이 가속화되기 때문이다. 이에 따라 2016년 발효된 파리기후협약에서도 기온 상승폭을 2℃ 훨씬 아래로 유지하는 것을 목표로 하고 있다.

2019년, 네덜란드의 한 연구팀은 인류가 재생에너지를 늘려 온실가스 방출을 줄일 수 있는 양에 따라 강력한 온난화 방지노력을 시작할 수 있는 기한을 산정하였다. 기후변화 모델을 토대로 분석한 이 연구결과 지구 온난화에 확실한 대처 없이는 2035년에 '돌아올 수 없는 선'을 넘어버릴 것이라는 우려가 제기되었다. 연구팀에 따르면 현 상황대로 흘러갈 경우 한계점은 2035년으로, 2100년까지 온도 상승을 1.5℃로 억제하려던 UN의 목표 무산은 물론 돌이킬 수 없는 상황이 올 것으로 전망했다. 다만, 재생에너지를 5%씩 늘릴 수 있다면, 그 시한은 10년 더 연장할 수 있다고 분석했다.

만일 인류가 더워지는 지구를 그대로 방치한다면 어떤 일이 일어날까? 당연히 생태계와 인류 환경이 크게 위협받게 될 것이다. UN 기후변화에 관한 정부 간 협의체(IPCC) 보고서에 따르면, 지구 평균기온이 산업화 대비 2℃ 상승할 경우 10억~20억 명 물 부족, 생물종(種) 중 20~30% 멸종, 1천~3천만 명 기근 위협, 3천여 만 명이 홍수 위험에 노출, 여름철 폭염으로 인한 수십만 명의 심장마비 사망, 그린란드 빙하와 안데스 산맥 만년설 소멸 등이 발생할 것으로 예측했다.

또 독일의 기후변화 연구기관인 포츠담연구소는 '온난화 재앙 시간표'라는 흥미로운 자료를 발표한 바 있다. 2005년 만들어진 이 보고서에 따르면, 지구의 평균기온이 1℃만 상승해도 생태계는 위협을 받으며, 2℃ 상승하면 일부 생물종은 멸종하게 된다. 만약 3℃ 상승할 경우 지구에 사는 생명체 대부분은 심각한 생존 위기에 처하게 된다는 내용이 들어 있다.

급격한 기후변화로 오는 2050년에는 전 세계 대부분의 주요 도시들이 생존이 불가능한 환경으로 변할 것이라는 연구 결과도 있다. 2019년, 호주의 기후 연구팀은 '기후와 관련된 잠재적 안보

위협' 보고서를 통해 기후변화로 인한 사회와 환경 변화 시나리오를 제시했다. 이에 따르면, 2050년에는 주요 대도시인 인도 뭄바이, 인도네시아 자카르타, 중국 텐진과 광저우, 홍콩, 태국 방콕, 베트남 호찌민 등에서는 인류의 생존이 불가능해질 전망이다. 또 해수면이 상승하면서 네덜란드, 미국, 남아시아 등 전 세계 해안도시가 범람할 것으로 내다봤다. 이는 뜨거운 지구(Hothouse Earth) 효과로 지구 면적의 35%, 전 세계 인구 55%가 거주하는 지역에서 생활이 불가능해진다는 이야기다.

이와 함께 연구팀은 이미 식량과 물 부족, 수확량 감소, 대형 산불 등이 현실에서 나타나고 있으며, 핵전쟁 이후 지구온난화는 지구상의 인간 생활에 가장 큰 위협이 됐다고 지적했다. 아울러 인류 문명의 파멸을 이끌 '티핑 포인트(tipping point)'는 2020년대와 2030년의 탄소배출 절감 여부라고 밝혔다. 만약 인류가 탄소배출 절감에 실패할 경우 기후변화는 걷잡을 수 없이 진행된다는 지적이다.

세계은행 '재해 저감복구 국제본부(GFDRR, Global Facility For Disaster Reduction and Recovery)'도 2016년 기후변화에 따른 피해를 금액으로 환산한 보고서를 내 놓았다. 기후변화를 방치할 경우 2050년까지 158조 달러의 손해를 입을 것이라는 것이다. 이 규모는 연간 세계 총생산액(GDP)의 2배에 달한다. 아울러 최근 수십 년 동안 자연재해에 따른 피해가 급증했는데, 지구 온난화와 인구증가 등이 맞물려 피해규모는 앞으로 점점 더 커질 수 있다고 했다. 또 보고서에 따르면 자연재해로 인한 손실은 1976년부터 1985년 사이 140억 달러에서, 2005년부터 2014년까지 1,400억 달러로 10배 이상 늘었다. 이와 함께 같은 기간 동안 매년 재해로 피해를 입은 사람도 연 평균 6천만 명에서 1억 7천만 명으로 증가했다. 특히 해안에 근접한 세계 136개 도시에서 발생하는 자연재해 비용은 2010년 60억 달러에서 2070년 1조 달러로 늘어날 것으로 예측했다.

오존층이 파괴될 경우에도 지구는 멸망될 수 있다. 지상 10~40km에 있는 오존층은 태양으로부터 오는 해로운 자외선을 흡수하여 지상의 생물체들을 안전하게 보호하는 방패와 같은 역할을 한다. 이 오존층이 파괴될수록 지표면에 도달하는 자외선의 양이 증가하게 된다. 그런데 자외선은 거의 대부분의 생명체에게 매우 치명적이다. 피부암, 백내장 등의 발병률이 높아진다. 게다가 인체의 면역력이 약화되어 헤르페스, 말라리아 등의 전염병까지 발생하게 된다. 또 자외선은 식물의 생장에도 악영향을 미칠 뿐만 아니라 식물성 플랑크톤이 줄어들어 바다 생태계가 균형을 잃는 등 환경문제를 유발한다. 한마디로 오존층이 완전히 파괴되어 자외선이 그대로 지표면에 도달한다면 인류는 지상의 모든 생물들과 함께 멸종하게 된다는 것이다.

오존층을 파괴하는 기본요소는 일명 프레온가스로 불리는 염화불화탄소(CFCs)라는 물질이다. 이는 전자부품의 세척제, 냉장고의 냉매, 스프레이의 분사기체로 널리 쓰이고 있다. 성층권에 도달한 이 가스는 자외선에 의해 분해되어 염소원자를 방출하는데,

이 염소원자 하나가 오존분자 10만개 이상을 파괴하는 것으로 알려져 있다.

오존층의 파괴는 그동안 남극 상공에서 가장 심했으나 최근에는 북극에서도 나타나고 있으며, 이제는 열대 지역을 제외한 대부분 지역에서 나타나고 있다. 이에 선진국들은 오존층 보호를 위해 1987년 오존층 파괴 물질의 생산과 사용을 규제하는 '몬트리올 의정서(Montreal Protocol)'를 체결하여 1989년 1월부터 발효시켰다. 그 결과 선진국에서는 1996년부터 프레온 가스의 생산 및 수입을 금지시켰고, 개발도상국도 1997년부터 단계적으로 감축하여 2010년부터는 사용이 완전 금지되었다. 이러한 노력으로 오존량은 2010년 이후 점차 회복되어 한때 5%에 달하던 오존층 파괴율은 2012년 3.5%로 떨어졌다.

그러나 얼마 전부터는 프레온 가스의 비율이 다시 증가하면서 오존층 파괴율도 높아지고 있었다. 이에 국제사회에서 그 원인을 조사한 결과 중국이 그 원인 제공자인 것으로 드러났다. 중국은 2010년대 이후 프레온 가스의 생산 및 사용을 재개하였고 갈수록 사용량을 늘려나가고 있다는 사실이 밝혀졌다. 국제협약에 강제성이 없다 보니 이런 일이 일어나게 된 것이다.

이와같이 지금 우리는 지구온난화가 심화되고 오존층이 파괴되는 현상을 겪으면서, 조만간 지구촌에 커다란 재앙이 몰아닥칠지도 모른다는 우려 속에서 하루하루를 살아가고 있다.

바닷물 속으로 가라앉는 섬과 대륙

최근 지구온난화가 진전되면서 빠른 속도로 해수면이 상승하고 빙하가 감소하고 있다. 이러한 사실에 지구 멸망에 대한 인류의 두려움도 덩달아 커지고 있다. 지구 평균 해수면의 높이는 지난 20세기 동안 약 15㎝ 상승하였으며, 최근에는 상승속도가 더 빨라지고 있다. 더욱이 앞으로 온실가스 배출량을 급격히 감소시킨다 하더라도 그간 배출된 온실가스가 잔류함에 따라 지구의 기온상승이 지속되면서 해수면은 빠르게 높아질 것으로 예상되고 있다.

산업화가 진전되면서 지구의 평균기온이 오르는 가운데, 특히 북극권의 온도상승은 다른 지역에 비해 더 빨랐다. 이로 인해 북극해의 얼음 면적이 계속 줄어들고 있다. 상황은 이미 심각한 수준이다. 2005년 미국 국립빙설자료센터(NSIDC, National Snow and Ice Data Center)는 지난 5년 동안 북극 빙하의 25%가 사라진 것으로 추정하였다.

빙하는 지금도 계속 녹고 있어 향후 반세기 안에 빙하가 완전히 사라지게 될 수 있다는 경고도 나온다. 더욱이 이상난동을 보인 2015년을 거치면서 북극의 얼음이 녹아내리는 속도는 더욱 빨라지고 있다. 미국 해양대기청에 따르면 지난 2016년 북극의 연평균 지상 기온은 1981~2010년 기간 평년 대비 2℃ 정도나 높았고, 2018년에도 평년보다 1.7℃ 높았다. 19세기 말 대비 1℃ 정도 상승한 전 지구 기온과 비교하면 2배 이상 빠르게 뜨거워지고 있는 것이다. 이에 얼음이 덮인 면적이나 얼음의 두께 모두 사상 최저치를 보이면서 북극 빙하가 완전히 사라지는 시기가 훨씬 더 앞당겨질 가능성이 제기되고 있다.

지구온난화로 남극 빙하가 녹을 경우 지구온난화에 미치는 영향은 북극 빙하보다 더 심각할 수가 있다. 북극에 비해 얼음 면적이 훨씬 더 넓기 때문이다. 남극은 지구육지 면적의 약 10%에 해당하는 1,400만㎢ 크기의 대륙이다. 대륙 98%가 평균 두께 2,160m나 되는 얼음으로 덮여 있고, 가장 두꺼운 곳은 4,800m에 이른다. 이 얼음이 녹아 내리는 속도와 정도에 따라 해수면 높이가 달라진다. 만약 남극의 빙산이 다 녹으면 해수면이 70~80m 정도 높아질 것으로 추정되고 있다. 지구가 바닷물 속에 완전히 잠기게 된다는 뜻이다.

문제는 급격한 기후변화 탓에 남극 대륙의 빙하가 녹아내리는 속도가 갈수록 빨라지고 있다는 사실이다. 위성으로 관측한 결과 남극의 빙상이 연간 2,520억 톤[1]씩 사라지고 있는 것으로 나타났다. 이는 40년 전보다 6배 이상 빠른 속도다. 지난 25년 동안 녹아내린 3조 톤의 얼음 중 약 40%가 최근 5년 이뤄진 것이라고 한다. 얼음이 모두 바다 위에 떠 있는 북극과 달리 남극의 대륙 빙하는 바다로 유입되면 고스란히 해수면 상승으로 이어진다.

극지방의 빙하뿐만 아니라 에베레스트의 빙하도 녹아내리고 있다. 히말라야 산맥 일대의 빙하가 지난 40년간 28%가 줄어든 것으로 조사된 가운데, 21세기 말이면 대부분 사라질 것이라는 충격적인 연구 결과가 주목받고 있다. 에베레스트의 빙하가 녹으면 대규모 눈사태를 비롯하여 홍수피해 등 엄청난 자연재해가 발생할 수 있다. 또한 고산에서 떨어져 나온 거대한 유빙이 히말라야에서 발원한 하천을 따라 흘러내려와 댐을 가로막을 경우 하류 지역은 심각한 가뭄에 휩싸일 수 있다.

히말라야는 갠지스 강, 인더스 강을 비롯해 네팔 · 중국 · 인도 · 파키스탄 등으로 흘러가는 수많은 하천들의 발원지로, 이 하천들을 생활의 터전으로 살아가는 인구만 10억 명이 넘는 것으로 알려졌다. 빙하가 사라지면서 이들 하천의 물 공급이 감소할 경우 해당 지역의 농업과 발전에도 큰 타격을 입히게 된다. 또한 유럽의 한가운데 위치한 알프스의 눈과 빙하도 녹아내리고 있는데, 이로 인한 피해 역시 매우 클 것으로 예견되고 있다.

UN은 이러한 연구결과를 감안해 지금과 같은 속도로 온실가스가 늘어나게 되면 2100년에는 평균 해수면 높이가 63cm~ 100cm까지 오를 것으로 보고 있다. 이처럼 해수면이 빠르게 상승하면 폭풍 해일이나 큰 파도의 출발점이 높아져 해안에 위치한 방어시설을 덮칠 수 있을 정도로 커진다. 나아가 고도가 낮은 육지는 바닷물에 잠길 수도 있다. 특히 나라 전체가 바다로 둘러싸인 섬나라는 이와 같은 현상이 현실로 나타나고 있다.

2015년 12월, 제21차 UN 기후변화협약 당사국 총회가 열린 프랑스 파리 행사장에는 이색적인 이벤트가 열렸다. 몰디브 · 파푸아 뉴기니 · 투발루 등 작은 섬나라로 구성된 군소도서국연합(群小島嶼國家聯合, Alliance of Small Island States)이 자신들이 해수면 상승으로 수십 년 내 지도에서 사라질 위기라고 소개하면서, 세계 각국 대표와 취재진을 향해 절박함을 호소한 것이다. 특히, 콜리아 타라케 투발루 전 총리는 온실가스 배출과 그에 따른 지구 온난화 문제를 '죽느냐 사느냐의 문제'라고 지적하기도 했다.

태평양의 투발루 · 마셜제도 · 나우루공화국 · 몰디브 등은 해수면 상승과 이상기후로 국토가 침수돼 향후 수십 년 안에 지도상에서 사라질 대표적인 지구온난화 피해국이다. 이들 남태평양에 위치한 작은 섬나라들은 바다에 들어가도 발목이 찰랑거릴 정도로 평균 해발고도가 몇 m밖에는 안 된다. 지상낙원이라는 말이 무색하지 않을 정도로 투명한 바다 등 천혜의 풍광을 자랑하지만, 지금과 같은 속도로 지구 온난화가 지속된다면 수십 년 안에 물속에 가라앉게 될 위기에 처한 나라들인 것이다.

남태평양 피지에서 북쪽으로 약 1천km 떨어진 곳에 인구 1만 명 정도의 투발루(Tuvalu)가 위치하고 있다. 남태평양 한가운데 위치한 투발루는 9개의 아름다운 산호섬으로 이루어져 있으며, 지상낙원이라 불릴 만큼 환상적인 풍경을 자랑한다. 그런데 이 섬들은 평균 해발 고도가 3m 정도로 낮고 지형이 평평해 조금만 바닷물이 불어나도 섬이 물에 잠겨 버린다. 실제로 9개의 섬 중 2개의 섬들은 이미 가라앉았다. 이런 추세라면 나머지 섬들도 50년 뒤에는 완전히 가라앉게 될 위험에 처해 있다. 이에 투발루 사람들은 어쩔 수 없이 바다에 잠겨 가는 고향 땅을 뒤로 하고 주변국가인 호주와 뉴질랜드 등으로 이민을 추진하고 있는 실정이다.

많은 기상과학자들은 투발루 다음 희생양으로 몰디브(Maldives)를 꼽고 있다. 몰디브는 인도양 남쪽에 위치한 섬나라로 약 1,200개의 작은 산호섬으로 이뤄져있고, 이 중에 사람이 살고 있는 섬은 200여 개다. 주 수입원은 관광업으로 대부분의 섬에 리조트가 존재하는 인기 신혼여행지다. '지구상에서 가장 아름다운 섬', '죽기 전에 반드시 가봐야 할 곳', '오염되지 않은 순수함을 간직한 베스트 허니문 여행지' 등의 수식어들이 따라붙는 곳이다. 그런데 지구온난화로 바닷물 높이가 높아지는 바람에 가장 높은 지점이 해발 2m에 불과한 이 섬은 점점 바닷물에 잠기고 있다. 2100년경에는 완전히 잠길 것이라는 예측이 나오고 있다. 아이러니한것은 이러한 몰디브 침몰소식이 전해지자 오히려 더 각광받는 관광지로 떠오르고 있다는 점이다.

이런 섬나라와 저지대 국가 이외에도 전 세계 해안지대의 사람들은 큰 위협을 느끼면서 살아가야만 한다. 많은 나라의 사람들이 해안을 따라 거주하고 있다. 실제로 전 세계 인구의 절반 정도가 해안으로부터 100km 이내에 살고 있기 때문에 해수면 상승의 영향을 직접적으로 받게 된다. 미국의 경우를 보더라도 주요 도시들 대부분은 대서양과 태평양 연안을 따라 위치해 있다. 이에 일부 해안 도시들은 해수면이 높아지자 방파제를 높이고 주택 소유주들은 주택의 기초를 높이기 위한 비용을 지출하고 있다. 중앙·남아메리카와 아시아, 아프리카, 유럽에서도 거의 비슷한 상황이 벌어지고 있다. 이곳에 위치한 저지대 마을 사람들은 해수면이 높아지고 토양의 염분이 증가하면서 더 이상 살아가기가 어려워지자 보다 높은 지역으로 이주하고 있다.

인터넷 사이트 〈Information is beautiful〉의 인포그래픽 'When Sea Levels Attack!'은 해수면 상승의 위험성을 잘 보여주고 있다. 이에 의하면, 물의 도시 이탈리아 베니스는 100년 후 해수면이 1m 상승해 완전히 바다 속으로 사라진다. 200년 후 해수면이 3m까지 높아지면 네덜란드의 암스테르담, 독일의 함부르크, 러시아의 상트페테르부르크, 미국의 샌프란시스코와 뉴욕 맨해튼 저지대, LA의 해안 지역이 잠기게 된다. 400년 후 해수면이 6m 상승하면 중국 상하이와 스코틀랜드의 에든버러도 수중 도시가 되고 만다. 이 모두가 지구 온난화가 불러올 비극이라 하겠다.

대기오염으로 숨을 쉴 수 없게 된 세상

대기오염이란 인위적으로 공기 중에 배출된 오염 물질의 양과 농도가 불쾌감을 주는 등 사람과 동식물의 생활에 나쁜 영향을 주는 상태를 말한다. 대기오염은 화산의 폭발이나 먼지와 흙가루가 날려서 일어나는 자연적인 경우도 많지만, 대개는 자동차·공장·발전소·가정에서 연료를 태울 때 나오는 매연이나 가스 때문에 생긴다. 이 매연 속에는 미세먼지·이산화황·이산화질소·일산화탄소와 이산화탄소·염소 등 우리 몸에 해로운 물질들이 많이 포함되어 있다.

대기가 오염될 경우 인류는 생명과 재산면에서 커다란 피해를 입게 된다. 무엇보다도 여러 가지 질병을 야기하게 된다는 점이다. 질병의 발병상태는 지역과 계절에 따라 차이가 있다. 예를 들면 홍역, 유행성 퇴척수막염, 성홍열 등은 겨울과 봄에 유행하며, 콜레라와 이질은 여름에 자주 발생하고 있다. 또 관절염은 북방의 냉한지역에서 자주 발생한다. 심뇌혈관 질환과 호흡기 질병

역시 기온과 밀접하게 연관되어 저온과 고온에서 사망률이 높다고 알려져 있다.

공기 속에 고체나 액체 상태의 입자상 물질이 부유하고 있는 상태를 일반적으로 먼지라 한다. 그런데 입자 크기가 10 마이크로미터(㎛) 이상인 경우에는 도시미관에 영향을 미치기는 하지만 인체에는 그다지 해롭지 않다. 따라서 문제가 되는 것은 입자의 크기가 10㎛보다 작은 미세먼지라 하겠다. 이 중 지름이 2.5㎛ 이하의 입자는 초미세먼지라고 한다. 여기서 10㎛란 지름이 머리카락 굵기의 1/10 정도의 크기를 뜻하며, PM10으로도 표기한다. PM이란 Particulate Matter의 약자로 입자상 물질을 뜻한다.

이 미세먼지는 대부분 자동차의 배기가스나 산업활동으로 배출되는 찌꺼기에서 발생하고 있다. 그리고 비 또는 눈 속의 중금속 농도를 증가시킨다. 또한 대기 중에 부유하면서 빛을 흡수·산란시키기 때문에 시야를 악화시키거나 식물 성장에도 나쁜 영향을 미친다. 이뿐만 아니라 미세먼지는 인체에 직접 유해한 질병을 일으키고 있다.

공기 중에 떠다니는 일반적인 먼지는 코털이나 기관지 점막에서 대부분 걸러져 배출된다. 하지만 미세먼지는 크기가 매우 작기 때문에 코, 구강, 기관지에서 걸러지지 않고 몸속에 축적된다. 이에 따라 미세먼지에 노출되면 무엇보다 호흡기 및 심혈관계 질환에 감염될 우려가 크다. 또 혈관이 손상되면서 협심증, 뇌졸중의 위험을 높이고, 우울증과 자살충동, 치매, 골다공증 등의 원인이 될수 있다고 한다. 피부에도 치명적인 결과를 가져온다. 미세먼지가 모공을 막아 여드름이나 뾰루지를 유발하고 피부를 자극하면서 아토피 피부염을 악화시킨다. 또한 두피가 미세먼지에 노출되면 모낭 세포의 활동력을 떨어뜨려 모발이 가늘어지거나 쉽게 부러지고 작은 자극에도 쉽게 빠진다.

무엇보다 심각한 것은 암 발병에도 영향을 미친다는 점이다. 미세먼지는 세계보건기구(WHO) 산하 국제암연구소(IARC)가 지정한 1급 발암물질이다. 덴마크 암학회 연구센터가 조사한 바에 의하면 미세먼지 농도가 $10\mu g/m^3$ 늘어날 때마다 폐암 발생 위험이 22% 증가했다. 이런 사실 때문에 전문가들은 미세먼지를 '조용한 살인자'라고 부른다.

미세먼지로 나빠지는 것은 건강뿐만이 아니다. 미세먼지는 경제도 숨 막히게 한다. 우선 소비를 위축시킨다. 야외활동을 감소시킬 뿐만 아니라 대형마트 등 실내도 미세먼지로부터 안전한 장소가 아니라는 인식 때문에 아예 외출을 자제하는 사람들이 늘어나기 때문이다. 생산활동에도 악영향을 미친다. 미세먼지는 항공관련 산업에서는 비행기 결항, 기체 세척비용 증가 등을 유발한다. 농업에도 악영향을 미친다. 이산화황이나 이산화질소가 많이 묻어있는 미세먼지는 산성비를 통해 토양을 황폐화할 수 있다. 미세먼지가 비닐하우스에 쌓이면서 햇빛을 막고 일조량을 감소시키는 것도 문제다. 식물 잎에 들러붙어서 광합성을 방해할 수도 있다. 특히 야외에서 일하는 농업인들은 미세먼지에 고스란히 노출된다. 건강 악화, 작업효율 저하라는 결과를 낳게 된다.

제조업도 예외는 아니다. 반도체와 디스플레이 제품은 미세먼지에 노출되면 불량률이 증가한다. 공장 자동화 설비가 미세먼지 때문에 고장이 나거나 오작동을 일으킬 가능성이 있다. 미세먼지를 막기 위한 각종 비용이 필요할 수밖에 없다. 자동차·조선업처럼 도장작업이 필요한 경우 미세먼지가 심한 날에는 이런 작업을 하는 게 어려워진다.

매연과 스모그로 인한 대기오염의 문제도 심각하다. '스모그(smog)'는 영어로 연기를 뜻하는 'smoke'와 안개를 뜻하는 'fog'의 합성어다. 원래는 연기와 안개가 섞인 것을 가리키는 말이었지만, 현대에 와서 대기오염 물질로 하늘이 뿌옇게 보이는 현상을 부르는 말로 쓰이게 되었다. 보통 매연과 미세먼지, 안개가 합쳐져 쉽게 흩어지지 않고 머물게 되면서 인체나 건물에 많은 피해를 입히는 것으로 알려져 있다. 스모그란 용어가 처음 탄생할 당시의 시대적 상황은 18세기 유럽에서 산업발전과 인구증가로 인해 석탄 소비량이 크게 늘어나고 있었다. 이후 가솔린을 동력으로 하는 자동차가 늘어나면서 부터는 석유연소에 의한 스모그가 새로운 환경문제로 등장하였다. 다시 말하면 이제 스모그는 전 세계적인 대기오염과 환경오염 문제로 떠오르게 되었다는 것이다.

대기오염의 문제는 지구온난화와 매우 밀접하게 연계되어 있다. 대기오염을 일으키는 오염원들이 바로 지구온난화를 야기하는 주범들이기 때문이다. 산업활동으로 생겨난 매연과 이산화탄소, 자동차에서 배출되는 배기가스, 일상생활에서 쏟아져 나오는 각종 쓰레기들은 지구온난화와 함께 대기오염도 초래한다. 그리고 지구온난화로 기상이변이 심화되면 대기의 질은 한층 더 오염되기 마련이다. 그 결과 경제활동이 침체되거나 마비될 것이다. 나아가 우리의 목숨은 조용한 살인자들에 의해 매일 조금씩 죽어가게 될 것이다.

대기오염이 심각한 지역은 주로 인구가 과밀하거나 생산시설이 밀집해 있음으로써 지구온난화의 주범인 이산화탄소를 과다하게 배출하는 지역들이다. 이런 조건에 해당하는 대표적인 국가가 바로 중국이다. 중국의 이산화탄소 배출량은 전 세계의 1/4을 상회하고 있어, 세계 최대의 이산화탄소 배출국이다.

중국은 지금은 다소 나아지고는 있지만 한때 숨을 쉬기 힘들 정도로 대기오염 상태가 좋지 않았다. 2015년을 전후로 베이징과 허베이(河北)성 등 수도권 대부분의 지역에서 $300\mu g/\text{m}^3$ 안팎의 심각한 미세먼지 오염 상황이 지속되었다. 당시 베이징은 낮이 밤같이 어두워 앞이 제대로 보이지 않을 정도의 스모그로 인해 일상생활이 어려울 정도였다. 더욱이 인체에 심각한 영향을 미치는 초미세먼지 농도는 세계보건기구(WHO) 기준치의 20배가 넘는 $543\mu g/\text{m}^3$까지 치솟았다.

지리적으로 중국과 인접해 있는 한국 또한 대기오염 상태가 심각한 것으로 나타났다. 이는 중국으로부터 오염된 공기가 유입되는 것도 이유가 되지만 한국 자체의 대기질 상태가 좋지 않은 것 또한 문제를 키우고 있기 때문이다. 한국의 초미세먼지 농도는 이따금 세계 보건기구 권고치의 5배가 넘는 145~150μg/㎥을 보이면서 정상적 호흡을 힘들게 하고 있다. 경제협력개발기구(OECD)에서도 이런 상황을 경고하고 나섰다.

OECD는 2016년 보고서에서 한국이 대기오염에 제대로 대처하지 않으면 2060년 조기 사망률이 회원국 가운데 가장 높을 것이라고 경고했다. 또 인구 100만 명당 조기 사망자 수가 2010년의 359명에서 1,109명으로 3배 넘게 급증할 수 있다고 했다. 대기오염으로 인한 경제피해 규모 역시 2060년에는 GDP의 0.63%에 달해 OECD 회원국 중 가장 높을 것으로 예측하였다.

지구상의 마지막 남은 청정국가로 알려진 아이슬란드에는 매우 독특한 관광용품이 있다. 다름 아닌 아이슬란드의 신선한 공기(Fresh Icelandic Mountain Air)를 캔에 담은 것이다. 공기가 상품이 되어 팔리고 있다니 믿기지 않을 것이다. 그런데 1만 원 정도인 이 상품이 관광객들에게 상당한 인기를 끌고 있다고 한다. 현대판 '봉이 김선달'같이도 여겨지는 이 사실이 우리에게 던지는 메시지는 무엇일까?

자연생태계의 파괴와 생물의 멸종

모든 생물은 환경과 불가분의 관계를 맺고 있으며, 이들은 상호 작용을 통해 하나의 계(系, system)를 이루고 있다. 인간을 포함한 생물적 요소와 무생물적 요소 등 다양한 구성요소는 작용과 반작용과 같은 상호작용을 통해 하나의 조절계를 형성하고 있는데, 이를 생태계라 한다. 인간 또한 이 커다란 생태계 속에서 다른 생물들과 상호 관계를 맺으며 살아가고 있다.

인간은 과거 문명의 발달이 미미했던 시기에는 이 생태계 환경에 절대적으로 순응하며 살아왔다. 그러나 산업혁명을 거치면서 인간은 환경을 자신의 의지와 능력에 따라 개발할 수 있는 자원으로 인식하게 되었다. 그 결과 한편으로는 빠른 속도로 산업화를 이룩할 수가 있었다. 그러나 다른 한편으로는 이 과정에서 초래된 과학기술의 발전과 인구의 급격한 증가, 도시화 현상이 지구환경을 크게 오염시키고 있다. 아울러 생태계의 조절기능을 손상시키고 결국은 다양한 생물의 종을 이 지구상에서 사라지도록 하고 있다.

생물의 진화 과정에서 어떤 종이 자손을 남기지 못하고 멸망해 버리는 현상을 멸종이라고 한다. 지구는 이미 수차례 대량 멸종을 겪었다. 지구에 존재한 생명체 90% 이상이 멸종했다. 공룡이 지구상에서 자취를 감추게 된 것은 그 대표적인 사례가 될 것이다. 그러나 이는 인간에 의해 이루어진 현상은 아니며 지구 자체의 운동과 관성에서 비롯된 것이다.

인간에 의해 최초로 멸종된 동물은 도도새이다. 무인도였던 인도양의 모리셔스 섬에 살았던 도도새는 포식자가 없어서 날 필요가 없었다. 그래서 날개가 퇴화했고 체중이 25kg이나 나갔다. 포르투갈 사람들은 이 무위도식하는 새를 보고 어리석다고 불렀다. 이후 어리석다는 포르투갈어 '도도(dodo)'가 그대로 새의 이름이 되었다. 날지 못하는 도도새는 모리셔스 섬에 정착하기 시작한 인간의 먹잇감이 돼서 1681년을 끝으로 지구에서 사라졌다.

두 번째로 멸종한 동물은 파란 영양이다. 마치 신화에 나오는 영물처럼 털가죽이 파란색이라서 사냥꾼들의 표적이 됐다. 그 결과 파란 영양의 개체수는 빠르게 줄어들었고 마침내 멸종하고 만다. 아프리카에 식민지를 세운 유럽인들이 파란 모피를 얻기 위해서 무차별로 포획했기 때문이다.

동식물 멸종의 위기는 지금도 계속되고 있다. 세계적으로 유명한 인도의 벵골 호랑이는 절반 정도로 개체수가 줄었으며, 중국의 대표 동물인 판다는 겨우 수백 마리만이 남아 있는 실정이다. 해양생물에게 매우 중요한 생명부양 능력을 제공하는 갯벌도 시시각각 파괴되어 가고 있다. 맹그로브 습지 파괴의 예에서 보는 바와 같이 습지대가 경작지로 바뀌면서 발생하는 엄청난 생물 다양성의 상실, 바다와 대양에 사는 해양식물의 무절제한 포획, 열대와 아열대 바다의 산호초 파괴로 물고기와 갑각류들이 떼죽음을 당하는 현상을 우리는 목격하고 있다.

세계자연보존연맹의 보고에 따르면, 현재 지구상 2만 5천여 종의 식물과 1천여 종의 동물이 멸종 위기에 놓여 있다고 한다. 그리고 지금과 같은 추세로 생물종이 사라진다면 20년 후에는 100만 여 종에 달하는 생물이 사라지게 될 것이라고 한다. 원래 생명체들은 탄생과 멸종이 주기적으로 반복되기는 하지만, 인류가 지구상에 출현한 이후 멸종의 속도가 이전에 비해 1천~1만 배는 빨라진 것이 문제라는 것이다. 지금도 지구에서는 20분마다 하나의 생물종이 사라지고 있으며 그 속도 역시 더 빨라지고 있는 실정이라고 한다.

그러면 이처럼 생태계의 변화와 멸종현상을 초래한 원인은 무엇일까? 우선, 인구의 폭발적인 증가가 지구라는 한정된 공간에서 다른 개체들의 서식지를 빼앗는 과정 속에서 이루어졌다. 인구가 증가하자 먹고 살기 위해 인간들은 산과 들을 깎아 집을 짓고

강과 호수를 메워 땅을 만들었다. 숲은 목재가 되기 위해 잘려나 갔고, 초원은 농지로 바뀌었다. 숲과 초원과 강이 사라지자 그 곳 에서 살아가던 식물과 동물들도 사라졌고, 생태계는 파괴되었다.

다음은 환경오염 현상이 생물의 다양성을 해치거나 생태계를 심각하게 위협하고 있다. 각종 인공 화학물질이 다량으로 생산되 어 살포되면서 위험 물질이 동식물에 잔류되거나 축적되면서 종 (種)이 멸종하기도 하며, 먹이사슬을 통해 다른 종에 오염 물질이 축적되기도 한다. 이는 결국 인류에게 커다란 위협으로 다가오고 있다.

끝으로 지구온난화와 기상이변 현상이 생태계의 변화와 생물 의 멸종을 가속화시켜나가고 있다. 온난화로 지구 전역이 어려움 을 겪고 있지만, 특히 양극지역과 고산대의 생태계는 더욱 심각 한 몸살을 앓고 있다. 북극곰의 생존이 위협받고, 로키산맥의 정 상부에 서식하는 제왕나비와 새앙토끼의 분포지역이 축소되고 개체수도 감소했다. 날이 갈수록 열대림의 서식지는 저위도 지역 으로 점차 넓어지는 반면, 한대림의 서식지는 줄어들 것으로 예 측되고 있다. 특히 한랭한 북극권과 고산지대에 격리되어 분포하 는 극지 고산식물은 생리적으로 고온과 건조 스트레스에 시달리 는 동시에 남쪽과 산 아래쪽에서 밀려드는 온대성 식물과의 경쟁 에 밀려 도태될 수 있다는 우려의 목소리가 커지고 있다.

온난화로 봄꽃의 개화 시기가 점점 빨라지고 있다. 봄꽃의 개화 시기는 벌, 나비 같은 곤충의 생태와 나무의 번식에 매우 큰 영향을 미친다. 꽃은 빨리 피었지만 나비나 벌 같은 곤충들이 겨울잠에서 아직 깨어나지 않아 꽃의 개화 시기와 곤충의 활동 시기가 맞지 않게 되어 식물이 번식할 수 없게 된다. 또 곤충은 먹을 것이 없어서 그 수가 점점 줄어들게 될 것이다.

이런 연유로 지구상에서 꿀벌이 점점 사라지고 있다. 2006년 이후 북미대륙과 유럽·호주 등에서 꿀벌이 4마리 중 1마리 꼴로 종적을 감추고 있다고 한다. 그 결과 양봉농가도 점차 쇠락하고 있는 실정이다. 그런데 인간이 재배하는 1,500종의 작물 중 30%는 꿀벌이나 곤충의 가루받이가 필요하며, 또 세계 식량의 90%를 차지하는 100대 농작물만 보면 70%가 꿀벌에 수정을 의존한다는 학설이 있다. 그래서 꿀벌이 사라지게 되면 농산물의 양과 종류가 그만큼 줄어들고 인류는 당장 식량부족 상태에 직면하게 될 것이다. 일찍이 아인슈타인도 "만약 벌들이 지구상에서 사라진다면 인류는 4년 이상 버티지 못한다."라고 경고한 바 있다.

이와 같이 자연환경은 인간의 지나친 탐욕과 무분별한 경제활동으로 인해 망가질 대로 망가지고 있다. 이는 현재도 진행 중이다. 그런데 한 종의 멸종은 이와 연관된 생태계의 생존 고리를 완전히 붕괴시킬 수도 있다. 인간은 생태계의 일원이며 생존 고리들이 복잡하게 연결된 생태계 네트워크 안에서 살아가는 존재이다. 따라서 생태계의 파괴는 인간이 섭취할 식량자원의 파괴이며, 더 나아가 인간자신을 위시한 생물종 전체의 멸종을 앞당기는 자기파멸 행위인 것이다.

자연은 살아 있는 유기체이며, 인간은 그 일부로서 자연과 매우 밀접한 상호작용을 하고 있다. 만약 현재와 같은 속도로 무분별한 개발이 계속된다면 머지않아 지구상에는 자연뿐만 아니라 인간도 사라지게 될 것이다.

인류가 무심코 버린 플라스틱과 쓰레기의 역습

플라스틱은 가소성이 있어 가열하면 물러져 원하는 형태로 만들 수 있는 고분자 유기 화합물로, 합성수지라고도 한다. 이처럼 일정한 온도를 가하면 물렁물렁해지는 특성을 지니고 있어 플라스틱을 틀로 누르면 어떠한 모양이든지 손쉽게 만들 수 있다. 또 쇠처럼 녹슬지도 않고 썩지도 않는다. 게다가 가벼우면서도 튼튼할 뿐 아니라 전기가 통하지 않는 장점이 있고 색깔이나 무늬를 자유자재로 넣을 수도 있다. 어떤 형태의 물건이든 값싸게 만들수 있는 천사의 능력을 지니고 있는 플라스틱은 20세기에 나타난 기적의 소재라고 불리면서 인간의 일상과 일생을 점령하였다. 플라스틱과 비닐 포장재가 쓰이지 않은 제품은 눈 씻고 찾아봐도 찾기 어려울 지경이다. 그래서 현대를 '플라스틱의 시대'라고까지 말하는 사람들도 있다.

그러나 다른 한편으로 날이 갈수록 지구를 멍들게 하는 골칫

거리로 인식되는 게 또 플라스틱이다. 플라스틱은 그 사용량이 너무나 방대한데다가 열에 약하고 썩지 않기 때문에 쓰레기 처리 문제와 함께 환경호르몬 유출 등 여러 가지 환경오염 문제를 일으킨다. 1950년대 100만 톤이던 전 세계 플라스틱 제품 제조량은 1990년대 들어 1억 톤을 넘어섰다. 2000년대에 들어서는 2억 톤을 넘겼고 현재는 연간 약 3억 톤에 달한다. 이는 77억 명 세계 인구가 매년 일인당 40㎏의 플라스틱을 쓰고 버린다는 계산이다. 이 엄청난 양의 플라스틱 쓰레기 중 79%는 매립되거나 자연 속에 버려지고, 12%는 소각되며 나머지 9% 정도만이 재활용된다는 것이 2017년 관련 보고서의 내용이다.

플라스틱 오염은 해양에서 특히 심각하다. 하와이와 캘리포니아 중간 지점에 위치한 해양에는 거대한 쓰레기 더미의 광경이 펼쳐져 있다. 7만 9천 톤에 달하는 플라스틱 조각들이 부유하고 있는 쓰레기의 망망대해는 그 면적이 텍사스의 두 배에 달한다고 한다. 이들 플라스틱 조각이 해양 생태계를 파괴하고 바다 동물들에게 치명적 위험을 초래하는 것은 물론이다. 이제 플라스틱 조각을 먹이인줄 알고 삼킨 어류가 우리의 식탁에 오를 가능성은 매우 높다.

여기에 환경호르몬까지 배출해 인류의 건강을 해치고 있다. 플라스틱 제품은 일반적으로 55~70도로 가열하면 성분이 변형돼 플라스틱 성분을 부드럽게 만드는 가소제와 살균제가 새어 나오는데, 이는 환경호르몬의 한 종류이다. 환경호르몬의 특성은 생물체에서 정상적으로 생성·분비되는 물질이 아니라, 인간의 산업활동을 통해서 생성·방출된 화학물질이라는 점이다. 또 생물체 내에 들어가서 마치 호르몬처럼 작용하여, 체내의 내분비계의 정상적인 기능을 방해하거나 혼란시킨다.

최근에는 '미세플라스틱(Microplastic)' 문제가 더 큰 골칫거리로 부상하고 있다. 사실상 수거가 어려운 크기 5mm 이하의 미세플라스틱이 바다를 점령하며 인류의 건강을 위협하고 있기 때문이다. 미세플라스틱 문제는 눈에 보이지 않기 때문에 더 위험할 수 있다. 미세플라스틱은 5mm 이하로 아주 작아진 상태의 플라스틱을 말한다. 이를 분류하자면 처음부터 아주 작은 알갱이로 만들어진 1차 미세플라스틱과 버려진 후 아주 작은 알갱이로 부수어진 2차 미세플라스틱으로 나눌 수 있다. 더 잘게 부서지면 나노 단위 이하까지 쪼개진다. 작아지더라도 가지고 있던 특성은 그대로다. 가볍고 잘 부수어지지만 잘 사라지지는 않으며, 물에 녹지도 쉽게 가라앉지도 않는다. 따라서 이를 분리해서 처리한다는 것은 사실상 불가능하다.

미세플라스틱은 세상 어디에나 있다. 생수와 지하수, 소금, 어패류 등 마시고 먹는 음식에 미세플라스틱이 들어 있다고 한다. 전 세계 식용 소금의 90%에서 미세 플라스틱이 검출되었다는 연구결과가 발표되었다. 이제는 대기에서도 검출돼 공포감이 확산되고 있다. 어제 마신 생수에도, 지금 쓰는 화장품에도, 내일 숨쉴 공기에도 미세플라스틱이 들어 있다는 것이다.

플라스틱과 미세플라스틱은 특히 해양에서 커다란 문제를 일으키고 있다. 코에 빨대가 찔려 고통스러워하는 거북이의 모습, 죽은 고래 위 속에 비닐봉지와 플라스틱 쓰레기가 가득 찬 모습이 영상에 잡혀 우리 모두를 경악시키기도 했다. 해양에서 발견된 이들 플라스틱은 먹이사슬 경로를 통해 사람의 몸속으로 들어와 건강을 해치게 된다. 쓰레기가 된 플라스틱은 바다로 흘러들어가 쌓이게 되고 또 그 과정에서 계속 작아진다. 바다에서는 작아진 미세 플라스틱은 먹이로 착각되어 때로는 플랑크톤이, 때로는 물고기가 삼킨다. 그 후 다시 상위 포식자가 먹게 된다. 이러한 먹이사슬이 쌓이게 되면 결국 우리의 밥상에도 오르게 되는 것이다.

미세플라스틱이 건강에 위협을 주는 경로는 크게 세 가지로 나눠진다. 첫째, 플라스틱이 미세플라스틱으로 부서지는 과정에서 뾰족하거나 예리한 형태로 부서질 수 있는데, 이것이 인체에 물리적인 자극을 줘서 독성을 유발하는 것이다. 이는 미세플라스틱 자체가 물리적으로 영향을 미치는데 한 몫 한다. 둘째, 환경호르몬이다. 플라스틱 제조 과정에서 그 용도에 따라 특성을 극대화하기 위해 다양한 화학물질이 첨가되는데 대부분이 환경호르몬이다. 환경호르몬은 생식계통 등 인체에 악영향을 미친다. 미세플라스틱 역시 플라스틱의 특성을 가지고 있기 때문에 환경호르몬을 배출해 인체에 나쁜 영향을 미칠 수 있다. 셋째, 미세플라스틱이 다양한 오염물질을 옮길 수 있다. 플라스틱은 구조상 다양한 물질이 쉽게 달라붙을 수 있는데 이때 미생물이나 바이러스 등을 함께 전달해 생물학적으로 치명적인 영향을 줄 수 있다.

인류는 플라스틱이 성형이 쉽고 내구성이 좋다는 장점을 지니고 있기에 그동안 무차별적으로 그 활용도를 넓혀 왔다. 그러나 이제 그 플라스틱이 자연 분해되지 않는 내구성을 통해 엄청난 쓰레기 문제로, 그리고 인체에 유해한 환경호르몬과 오염물질을 분출함으로써 우리 인간을 역으로 공격해 오고 있다.

플라스틱 외에도 인류가 만들어낸 다양한 화학물질들이 부메랑이 되어 다시 인간을 공격하는 경우가 늘어나고 있다. 화학공업의 발달로 인해 인류는 다양한 인공물질들을 합성하여 사용하고 있다. 그런데 이들 중에는 합성 당시에는 의도하지 않았던 다른 성능이 나타나는 경우가 종종 있다. 특히 내분비계 교란 작용이 가장 큰 문제로 대두되고 있다. DDT를 비롯해 비스페놀과 다이옥신, 스티렌 등은 체내에서 호르몬과 비슷한 작용을 하여 신체 시스템을 교란시키는 물질들을 상당량 지니고 있다. 호르몬 시스템의 교란은 면역계를 교란시키고 암의 발생을 높일 뿐 아니라, 생식과 발육에 악영향을 미쳐 불임과 기형 개체의 탄생을 유도하고, 나아가 생명까지 위협할 수 있다.

이처럼 이제 인간은 자신이 만들어낸 생성물로 인해 생존의 위협을 받고 있는 상황에 처해 있는 것이다.

'불의 고리'가 초래할 종말의 충격과 공포

자연재해로 인해 지구가 파괴되고 결과적으로 파국을 맞게 될 우려도 없지 않다. 자연재해란 급격한 자연현상으로 인해 발생하는 재난을 뜻하며, 천재지변 혹은 천재$^{(天災)}$라고도 한다. 지진과 화산폭발, 해일과 태풍 그리고 홍수 등이 바로 대표적인 자연재해 현상이다.

1960년대에 등장한 판구조론은 지각이 거대한 판$^{(板)}$으로 구성돼 있어 맨틀 위를 얼음덩어리처럼 둥둥 떠다니고 있다는 이론에서 출발한다. 지구의 표층이라고도 하는 수십~100km의 두께를 가진 암석권은 10여개의 판으로 나누어져 있다. 이들은 지구 내부에서 작용하는 힘에 의하여 연간 수cm 정도의 속도로 제각기 움직이고 있다. 이처럼 거대한 판들의 움직임으로 인해 화산작용 · 지진현상 · 마그마의 형성 · 습곡산맥 형성 등 각종 지각변동이 일어난다는 학설이 판구조론이다.

암석권의 주요 판으로는 아프리카 판, 남극 판, 오스트레일리아 판, 유라시아 판, 북아메리카 판, 남아메리카 판, 태평양판, 코코스 판, 나스카 판, 인도 판 등 10개가 있다. 이들 판은 천천히 움직이고 있다. 움직이던 판이 다른 판과 부딪히면서 경계면에서 발생하는 압력 때문에 지진이 발생한다. 지진이 자주 일어나는 지역을 지진대라고 하며 화산이 자주 일어나는 지역은 조산대라고 한다. 그런데 지진대는 일반적으로 조산대와 일치한다. 중요한 지진대는 크게 환태평양 지진대, 알프스 지진대, 대양저 산맥 지진대로 구분된다.

환태평양 지진대는 뉴질랜드, 뉴기니, 일본, 알류샨 열도, 알래스카, 남북아메리카의 서부지역 등 태평양 둘레를 에워싸듯 발달한 지진대이다. 알프스 지진대는 중동 지방, 히말라야 산맥, 인도네시아 지방을 띠처럼 연결한 형태로 발달해 있다. 이밖에 북극해·대서양·남극해 및 인도양 서부에 있는 대양저산맥과 동아프리카의 열곡(裂谷)을 따라 일어나는 지진활동대가 있다.

이 중 환태평양 지진대는 이 지역의 활화산이 원 모양으로 분포돼 있어 '불의 고리(Ring of Fire)'라는 이름이 붙었다. 불의 고리는 판구조론에서 말하는 지각을 덮는 여러 판들 중 가장 큰 판인 태평양판이 유라시아판, 인도-호주판 등과 맞물리는 경계선이어서 지각 활동이 매우 활발하다. 세계 활화산과 휴화산의 75%가 불의 고리 지역에 몰려 있으며, 전 세계 지진의 80~90%도 이곳에서 발생한다.

지진이란 지각의 판 운동이나 화산활동에 의해 돌발적으로 일어나는 지각의 요동을 말한다. 이런 요동은 지구 내부에 쌓인 탄성·화학·중력 에너지가 갑작스럽게 방출되면서 생긴 지진파가 전파되면서 발생한다. 지진보다 더 파괴적인 자연현상은 거의 없다. 지진이 일어난 지역에는 지질학적 변화가 일어나며 건축물이 파괴되고 인간생활에 엄청난 피해를 준다.

지진이 자주 일어나는 곳에서는 지진의 영향이 복잡하게 나타나며 지형과 지표 물질의 성질에 따라 달라진다. 단단한 암반보다 부드러운 충적층이나 암석으로 고화하지 않은 퇴적층에서 더 큰 피해가 발생하는 식이다. 1906년 3천여 명의 목숨을 앗아간 미국 샌프란시스코 지진, 2010년 700명의 사망자가 발생하면서 국가비상사태가 선포되었을 정도로 거대했던 규모 8.5의 칠레 지진 등 역대 최악의 대규모 지진들은 모두 불의 고리와 연관이 있다. 불의 고리에서 발생하는 지진의 위험성은 지금도 이어지고 있다.

지진의 무서운 점은 그 자체의 엄청난 파괴력도 있지만 후폭풍 또한 어마어마하다는 것이다. 그 중 하나가 쓰나미다. 쓰나미 (Tsunami)란 바다 밑에서 지진이 발생하였을 때 파도의 출렁거림이 극에 달해 해일을 일으키는 자연재해를 말한다. 쓰나미는 지진이나 화산 분출보다 더 큰 피해를 발생시키는 경우가 많다.

전 세계에서 가장 큰 피해를 입힌 쓰나미는 2004년 12월 26일에 수마트라 안다만(Andaman) 해저에 발생한 진도 9.15의 강진이 발생시킨 쓰나미였다. 대부분의 지진은 몇 초 정도로 끝나지만, 이 지진은 약 10분 동안이나 계속되었다. 이 지진이 발생시킨 높이 30m의 파도가 인도양을 가로질러 전달돼 해안가 저지대에 살던 약 25만 명이 목숨을 잃었으며, 약 8천㎞ 떨어져 있는 남아프리카 해안까지 덮쳐 사람들의 목숨을 앗아갔다.

2011년 3월 11일, 일본 동북지방 태평양해역 해저 깊이 24km에서 규모 9.0의 동일본 대지진이 발생했다. 곧이어 거대한 쓰나미가 들이닥치면서 후쿠시마 제1원전에서 수소폭발과 방사능이 누출되는 대형 사고가 발생했다. 가동 중이던 원자로의 핵분열은 긴급 억제됐지만, 전력공급의 중단으로 냉각시스템이 마비돼 핵연료봉이 고열에 노출되어 수소폭발이 일어났고, 방사능 물질이 묻은 수증기가 외부로 유출됐다. 이로 인해 모두 2만여 명의 희생자가 발생했고, 여전히 피난 생활을 이어가는 사람은 전국적으로 17만여 명에 달한다. 이 후쿠시마 원전의 폐로까지는 40년 이상의 기간이 걸릴 것으로 예상된다.

서기 79년 8월 24일, 베수비오 산이 폭발하면서 로마에서 가장 번성했던 도시였던 폼페이가 멸망한다. 사람들은 순식간에 몰려오는 화산재에 묻혀 그 모습 그대로 화석이 되어 버렸다. 이렇게 무서운 화산폭발은 많은 경우 지진활동으로 인해 발생하고 있다. 지진으로 지각이 흔들리게 되면 마그마의 움직임이 격해지는데 이것이 화산폭발로 이어지게 된다.

화산폭발의 피해는 1차 피해와 2차 피해로 나뉜다. 1차 피해는 폭발하면서 고속으로 분출되는 용암, 화산 폭발에 의해 방출된 크고 작은 암편과 유독가스로 인한 피해를 말한다. 그리고 이산화황과 염소, 이산화탄소로 이뤄진 화산가스는 화산재 성분의 비나 눈을 내리게 하고 태양을 가리는 등 사람 몸에 유해한 기상 변화를 일으킨다. 이것이 2차 피해이다. 2010년 3월 20일부터 아이슬란드의 화산이 잇달아 폭발하면서 거의 두 달여간 유럽의 공항들이 정상적인 기능을 수행하지 못했던 것은 그 예이다. 2017년에도 인도네시아 발리 섬의 아궁화산이 폭발하였는데, 당시 분화로 인해 수만 명의 관광객이 발이 묶이는 등 커다란 피해를 입었다.

열대성 저기압은 한순간에 모든 것을 날려 버릴 만큼 무시무시한 힘을 가지고 있다. 규모도 엄청나게 커 우리나라 넓이보다 큰 것도 있다. 특히 지구 온난화의 영향으로 바닷물의 온도가 높아져 뜨거운 바다가 늘어나면서 그 위력도 점점 더 커지고 있다. 그 높이가 수백 km에 달하는 경우도 있다.

열대성 저기압은 발생한 위치에 따라 이름이 달라진다. 북서 태평양에서 발생하면 태풍, 북미 대륙 동쪽인 북대서양과 서쪽인 북동 태평양은 허리케인(Hurricane), 인도양과 호주 주변 남태평양은 사이클론(Cyclone)이다. 2002년 8월 한국 동해안에 하루 만에 870mm의 폭우를 쏟아부었던 '루사', 2005년 9월 미국 뉴올리언스를 강타한 '카트리나', 2013년 11월 필리핀 중부 지방을 강타한 '하이옌' 등이 그런 열대저기압들이다. 2019년에도 한반도를 강타한 링링, 미국동부와 카리브해안을 휩쓸고 간 도리안 등 강력한 태풍과 허리케인이 지구촌 이곳저곳을 할퀴고 지나갔다. 당시 미국은 피해지역에 비상사태까지 선포하였다.

엄청난 인적 및 물적 피해를 초래하는 자연재해는 언제 어디서 어떻게 발생할지를 사전에 예측하기 매우 어렵다. 아울러 인재(人災)와는 달리 이를 사전에 방지할 마땅한 수단과 방법도 없다. 더욱이 지구온난화 현상과 맞물려 그 양상과 행태가 갈수록 빈번해지고 또 독해지고 있다. 이처럼 자연재해는 지구의 종말을 걱정하게 하는 또 하나의 커다란 위협이 되고 있다.

운석 낙하와 소행성과의 지구 충돌

우리가 살아가는 이 지구상에 일어날 수 있는 천재지변의 종류는 매우 다양하다. 하늘에서 갑자기 엄청난 불덩어리들이 쏟아지는 재앙도 그중의 하나일 것이다. 실제로 지구 46억 년의 역사에서 이런 불덩어리들이 수도 없이 많이 쏟아졌다면 잘 믿기지 않을지도 모른다. 하지만 사실이다.

6,500만 년 전 중생대 말 공룡이 멸종한 원인도 소행성의 지구 충돌에 의한 것으로 알려져 있다. 당시 충돌로 인한 폭발력은 2차 세계대전 당시 사용된 원자폭탄보다 100억 배 강력하고, 미국과 러시아가 보유한 모든 핵무기를 동시에 폭발시킨 것의 만 배 이상에 달한다고 한다. 이로 인해 1억년 이상 지구를 지배한 공룡을 포함해 지구생물의 75% 가량이 몰살되고, 몸집이 작은 포유류·조류·곤충·양서류 등만 살아남았다. 멕시코 유카탄반도에 있는 지름 180㎞의 웅덩이 흔적도 그 증거의 하나라고 한다.

태양계에는 수성, 금성, 지구, 화성, 목성, 토성, 천왕성, 해왕성 등 8개의 행성이 있다. 이 행성보다는 조금 작은 천체를 소행성이라고 한다. 소행성들은 전체적으로 띠 모양을 이루면서 태양 둘레를 돌고 있다. 이들은 주로 소행성대라고 불리는 화성과 목성 사이에 흩어져 있다. 소행성은 그 수가 수십만 개가 넘을 것으로 추산되며, 크기는 조그만 것에서 지름이 1,020km나 되는 세레스에 이르기까지 아주 다양하다. 이들 중 지름 1km 이상이 1천 개, 100m 내외가 10만개로 추정된다.

　　이 수많은 소행성 중에서 운행 궤도가 지구 공전 궤도를 통과하거나 가까이 오는 것들은 지구에 커다란 문제를 일으키게 된다. 국제소행성센터는 지름이 140m보다 크고 지구와 궤도가 교차하는 거리가 750만km 이내의 천체를 '지구위협 소행성'으로 관리한다. 2019년 6월 기준 등록된 지구위협 소행성은 1,981개에 달하고 있다. 만약 이들 지구위협 소행성들이 실제로 지구와 충돌한다면 이는 지구를 끝장내는 대재앙이 될 것이다.

　　한편, 이 소행성보다도 좀 더 작은 천체인 유성체(流星體)는 지구의 대기권으로 진입하여 밝은 빛을 내면서 떨어지고 있다. 이때 지표면까지 모두 타지 않고 도달하면 운석이 된다. 우리는 흔히 이 운석을 별똥별이라고 부르고 있다. 이 유성체 또한 소행성과 같이 대다수가 화성과 목성 사이에 위치한 소행성대에서 발생하며, 드물게는 태양계 변두리에서 오기도 한다.

　　지금도 유성체가 모두 다 타지 못한 채 지상으로 떨어지는 물체인 운석이 매일 평균 100톤, 1년에 무려 4만 톤씩이나 지구에 떨어지고 있다. 먼지처럼 작은 입자의 우주 물질은 1초당 수만 개씩, 지름 1mm 크기는 평균 30초당 1개씩, 지름 1~5m 크기는 1년에 한 개 꼴로 지구로 떨어진다. 이에 비해 규모가 큰 행성과의 지구충돌 가능성은 물론 상대적으로 작은 편이다. 지름 50m 이상의 물체가 지구와 충돌할 가능성은 천 년에 한 번쯤, 지름 1km의 소행성이 지구와 충돌할 확률은 50만 년에 한 개 꼴이며, 지름 5km짜리의 큰 충돌은 대략 천만 년에 한 개 꼴이다.

그러나 대형 운석이 지상에 떨어지거나 소행성이 충돌할 경우 발생하게 될 피해는 가공스러울 정도이다. 지름 10km 소행성 하나가 초속 20km 속도로 지구와 충돌하기만 해도 강도 8 지진의 1천 배에 달하는 격동이 지구를 휩쓸 것이며, 대재앙을 피할 수 없게 된다. 이런 연유로 지구 종말은 소행성 충돌로 올 것이라는 공포가 광범하게 퍼져 있는 실정이다.

특히 직접적인 1차 피해도 그렇지만 연이어 나타날 2차 피해는 훨씬 더 크다. 만약 지름 수백 킬로미터의 대형운석이 떨어진다면, 운석은 지각을 1km까지 뚫고 들어가며 섭씨 2만도까지 치솟는 고열로 땅은 젤리처럼 녹아들어간다. 바닥면이 튕기면서 운석과 주변 암석이 증발하고, 엄청난 양의 암석과 용융 물질, 재와 기체를 날려 보낸다. 지표면은 파도처럼 요동치면서 수백 km 반경의 모든 생명이 끝장난다. 이와 같은 대 폭발이 1차 피해에 해당한다.

연이어 2차적인 피해가 나타난다. 충돌에 의한 먼지 구름이 지구 대기의 성층권까지 올라가 태양을 가리면서 혹한이 초래된다. 이후 시간이 흐르면서 하늘을 가린 먼지가 없어지는 동안 지상에는 산성비가 내리게 된다. 그다음 비가 그치면 오존층이 없어진 하늘을 뚫고 태양의 자외선이 강하게 내리쬐는 '자외선의 봄'이 약 2년간 지속될 것이다. 자외선의 봄이 지나는 동안 태양 에너지를 이용해 생활하는 모든 생물은 절멸될 것이다.

사실 인류는 운석 낙하와 소행성 충돌이 초래할 위험성에 대해서는 최근까지 큰 관심을 가지지 않았다. 단지 영화로 이런 위험을 느꼈을 뿐이다. 1998년에 개봉된 〈딥 임팩트(Deep Impact)〉와 〈아마겟돈(Armageddon)〉은 모두 지구로 충돌해오는 소행성이나 혜성의 궤도를 바꾸거나 폭발시키는 내용을 담은 재난 영화이다.

상황이 바뀐 건 2013년이다. 러시아 첼랴빈스크에 소행성이 떨어져 1,500명 넘는 시민들이 다친 뒤부터 국제사회가 경각심을 갖게 됐다. 당시 소행성은 대기권에서 폭발해 운석 소나기를 뿌렸다. 폭발하면서 생긴 충격파는 주변 지역 건물 유리를 모조리 깨뜨렸다. 부상자 1,500여 명은 대부분 유리 파편에 다쳤다. 지름 17m 정도로 추정되는 미니 소행성인데도 이 정도 피해를 줬다. 국제 사회가 눈을 번쩍 뜬 이유다.

그 뒤 미국을 중심으로 지구를 위협하는 소행성을 찾는 연구가 부쩍 활기를 띠었다. 충돌 위험이 현실화할 것이라고 판단되면 해당 소행성에 우주선을 충돌시켜 궤도를 바꾸는 등의 대책을 마련하기 위해서이다. 미국항공우주국(NASA)은 실제로 소행성에 원자력 엔진을 탑재하거나, 근처 핵폭탄 투하 등으로 소행성의 궤도를 변경시키는 프로젝트를 추진하고 있다. 언젠가 우리는 이 소행성들과 맞서야 할지도 모른다. 그리고 그날이 예상보다 빨리 올 수도 있다.

특히 이 중에서도 천문학자들이 심각하게 걱정하는 소행성이 하나 있다. 바로 죽음의 신으로 불리는 거대 소행성 '아포피스(Apophis)'이다. 2029년 4월 13일, 지름 340m나 되는 이 소행성은 지구에 31,000km 이내로 근접 통과할 예정이다. 꽤 먼 거리 같지만 거의 충돌이나 마찬가지다. 지구에 아주 가깝게 접근해서 지면과 정지 위성 사이를 통과할 정도이다. 더욱이 2036년에는 이보다 더 가까이 지구에 접근할 것으로 예견되고 있다.

행성만 지구를 위협하는 것은 아니다. 사실 소행성 충돌이 초래할 재앙의 규모는 우주에서 일어나는 다른 종류의 충돌들과 비교하면 무시할 수 있는 정도이다. 다른 충돌의 대표적인 예로 중성자별 충돌이 있다. 서로의 둘레를 회전하는 중성자별 2개가 있고, 이 두 괴물이 충돌하면 아마도 우주에서 가장 격렬한 폭발이 일어날 것이다. 폭발이 일어나고 100만 분의 1초 후 모든 게 끝난다. 이때 방출하는 에너지는 태양이 100억 년 동안 생산하는 에너지보다 많다.

또 블랙홀이 지구와 충돌한다면 어떻게 될까? 블랙홀이 지구에 근접하면 지구의 대기를 끌어당길 것이다. 긴 덩굴손처럼 흐

르는 공기가 블랙홀 속으로 소용돌이치며 빨려 들어가고 블랙홀
이 근접할수록 지구 위의 물체들도 점점 더 강한 중력을 느낄 것
이다. 어느 시점에 이르면 지표면에 앉아 있는 인간들은 지구의
중력보다 블랙홀의 중력을 더 많이 느끼게 된다. 그리고 지면에서
떨어져 블랙홀 속으로 빨려 들어가게 될 것이다. 곧이어 블랙홀의
중력은 지구를 산산이 분해하기 시작할 것이다.

더 나아가 가장 거대한 충돌인 은하의 충돌도 수억 년에 걸쳐
전개되고 있다. 지구가 속해 있는 우리은하와 가장 가까운 외부은
하인 안드로메다은하(Andromeda galaxy)는 시속 150만km가 넘는 속도
로 서로를 향해 돌진하고 있다. 이에 앞으로 40억 년 안에 충돌할
것으로 예상된다. 그리고 두 은하는 산산이 부서지면서 지구도 끝
장이 나게 될 것이다.

매일 100톤씩 지구에 떨어지는 운석! 생각해보면 이 우주 안
에서 100% 안전한 곳이라고는 한군데도 없다. 또 비록 그 확률이
크지는 않지만 소행성과 지구의 충돌 가능성은 지금 이 순간에도
지구를 위협하고 있다.

4장

인간이 만든 종말, 국제사회
패권다툼의 격화와 경제파탄

- 치열한 패권전쟁과 신 냉전체제
- 국가이기주의 심화와 네오나치즘의 출현
- 끊임없이 야기되는 심각한 민족갈등과 인종청소의 만행
- 갈수록 커지는 테러에 대한 공포
- 소득불균형과 양극화 심화로 인한 자본주의 체제 붕괴
- 연금 및 재정의 파탄으로 인한 국가부도
- 통화 및 환율전쟁으로 인한 금융 시스템 와해
- 보복관세와 무역전쟁의 확산

인 류 의 　종 말 은 　어 떻 게 　오 는 가 ?

치열한 패권전쟁과 신 냉전체제

'투키디데스 함정(Tuchididdes trap)'이란 용어가 있다. 이는 새로운 강국이 부상하면 기존의 패권국가가 두려움을 느끼고 무력을 통해 두려움을 해소하려 하면서 전쟁이 발발한다는 것이다. 고대 아테네의 장군이었던 투키디데스는 〈펠로폰네소스 전쟁사〉에서 신흥 강국으로 떠오른 아테네가, 기존 강국 스파르타에 불러일으킨 두려움이 펠로폰네소스 전쟁의 원인이라고 지목했다. 펠로폰네소스 전쟁은 아테네와 스파르타가 고대 그리스의 패권을 놓고 벌인 전쟁이다.

당시 아테네는 페르시아 전쟁에서 페르시아를 물리친 뒤 지중해 곳곳의 도시국가들과 델로스 동맹을 맺고 세력을 넓혀갔다. 이에 위협을 느낀 당시 패권국 스파르타와 펠로폰네소스 반도의 국가들은 펠로폰네소스 동맹을 결성해 아테네에 맞서면서 펠로폰네소스 전쟁이 발발하게 됐다. 전쟁은 스파르타의 승리로 끝났으나 전쟁의 후유증으로 고대 그리스가 몰락하는 결과를 불렀다. 이 용어가 지닌 함의는 오늘날에도 그대로 적용되고 있다.

미국의 정치학자 그레이엄 앨리슨은 저서 〈예정된 전쟁(Destined For War)〉에서 미중 패권전쟁을 피할 수 없는 싸움으로 규정했다. 그의 주장에 따르면 지난 500년간 투키디데스 함정은 16번 발생했는데 이중 12번이 전쟁으로 귀결되었으며, 지금은 17번째 사례가 진행 중이라는 것이다. 제2차 세계대전이 끝나자 세계질서 체제는 양분되었다. 하나는 미국이 주도하는 자본주의였고 다른 하나는 소련이 주도하는 공산주의 체제였다. 당시 지구촌의 상황은 총성은 나지 않았지만 정치와 경제, 핵보유와 군사력, 우주개발과 과학기술 등 모든 면에서 서로 간에 치열한 각축전이 벌어진 냉전의 시대였다.

그러나 1990년대 초반 소련과 공산주의가 붕괴되면서 냉전이 끝나고 세계는 미국의 일인천하가 되었다. 세계는 미국의 리더십 아래 평화를 유지하는 '팍스 아메리카나(Pax Americana)' 체제로 접어들었다. 이를 미국의 정치경제학자인 프랜시스 후쿠야마(Francis Fukuyama)는 〈역사의 종말(The End of History)〉이란 논문을 통해 자유주의와 공산주의로 대변되는 이데올로기 대결에서 자유주의의 승리로 평가하였다. 그는 또 역사는 더 이상 이데올로기 대결에 머물러 있을 수 없는 최후의 단계에 이르렀다고 주장하였다.

그러나 중국의 부상은 이런 생각을 완전히 바꾸어 놓게 되었다. 중국이 장차 경제력을 바탕으로 군사대국이 되어 미국 주도의 국제사회 질서에 변화를 부르거나 해를 끼칠 수 있는 패권국가로 부상할 것이라는 '중국 위협론'마저 나오게 되었다.

사실 오랜 기간 잠자고 있던 공룡 중국을 국제무대로 끌어낸 것은 바로 미국이었다. 1972년, 당시 미국 대통령이던 리처드 닉슨은 대만을 버리고 중국과 수교를 위한 첫행보를 취하게 된다. 인구 10억 명이 넘는 방대한 중국시장이 탐났기 때문이다. 물론 그렇게 하면 중국도 미국이 주도하는 자유주의 국제질서 안으로 들어올 것이라는 순진한 기대도 있었다. 그러나 중국은 미국의 기대와는 상당히 다른 행보를 취하면서 양국 간 갈등이 야기되었다. 더욱이 중국은 종합국력에서 미국을 추월하겠다는 21세기 사회주의 초강대국 실현의 꿈을 좇고 있다.

국제사회에 모습을 드러낸 이후 중국은 정치는 사회주의를 취하면서도, 경제면에서는 자본주의 원리를 도입함으로써 급속한 경제발전을 기해 나갔다. 특히 2001년 중국의 세계무역기구(WTO) 가입은 달리는 호랑이에 날개를 달아준 격이 됐다. 이후 글로벌 공급망에 참여하면서 '세계의 공장'이 된 중국은 경제력이 일취월장하였다. 마침내 중국은 일본을 제치고 세계 제2위의 경제대국으로 우뚝 서게 되었고, 조만간 제1의 자리도 넘볼 수 있는 위치로까지 승승장구하였다.

'중국제조 2025'라는 장기플랜에는 이러한 야심이 구체화되어 있다. 플랜의 주요 골자는 첨단산업을 육성하여 2025년까지 세계 최강의 경제대국으로 도약한다는 것이다. 또 강력한 경제력과 외환보유고를 바탕으로 새로운 금융질서 수립을 도모하고 있기도 하다. 중국의 주도 아래 탄생한 아시아 인프라 투자은행(AIIB,

Asian Infrastructure Investment Bank)과 브릭스(BRICs)개발은행 등이 이를 말해 주고 있다.

중국은 정치외교와 군사적인 측면에서도 세력을 키워 나갔다. 3조 달러를 상회하는 외환보유고를 바탕으로 아프리카와 남미뿐만 아니라 전통적으로 미국의 우방국가인 서구 유럽에도 접근하였다. 경제취약국에 대해 대규모 원조를 공여하는가 하면 서유럽 국가에도 대형공사를 발주하는 등 달콤한 미끼를 제공하였다. 이를 뒷받침 하듯 중국와 외교정책 기조는 '도광양회'와 '유소작위'를 거쳐 '분발유위'에 이르고 있다.

경제부흥의 기치를 처음 내걸었던 등소평 정권 시절에는 '자신의 재능을 숨기고 인내하며 때를 기다린다'는 뜻의 도광양회(韜光養晦)를 천명하였다. 그러나 2000년대로 접어들자 '해야 할 일은 한다'라는 뜻의 유소작위(有所作爲)를 표방하면서 국제정치에서도 목소리를 높이기 시작했다. 이후 시진핑 정권이 들어서면서 부터는 '중국에 이익이 되는 일이면 적극 분발한다'는 뜻의 분발유위(奮發有爲)를 천명하였다. 이는 중국의 공격적 대외기조를 상징한다. 다시 말해 중국 주도하의 세계질서를 확립하는 '팍스 시니카(Pax Sinica)'를 꿈꾸고 있는 것이다.

2012년 시진핑 집권 이후 중국은 군사외교 면에서 한층 더 강력한 확장주의적 모습을 보이고 있다. 이는 미국처럼 국제질서의 제정자가 되어 보겠다는 야심에서 비롯된 것이다. 중국은 국방비를 지난 10년 동안 80% 이상 증액시켰는데, 이는 강대국 중 가장 높은 증가율을 보인 것이다. 특히, 시진핑 주석은 2035년까지 인민해방군을 현대화해 미국을 물리칠 수 있는 세계적인 군사력을 갖추겠다는 의지를 표명하기도 하였다.

개혁과 발전의 동력을 외부적 확장을 통해 확보하려는 '일대일로(一帶一路, One Belt One Road)' 전략의 추진 또한 이를 단적으로 보여주는 사례의 하나일 것이다. 일대일로는 육·해상 '신 실크로드(Silk Road)' 경제권을 형성코자 하는 중국의 국가전략이다. 중국의 향후 35년 동안의 대외노선에 대한 '구상'이자 '비전'이다. '일대(一帶)'는 여러 지역들이 통합된 '하나의 지대(one belt)'를 가리킨다. 구체적으로는 중국-중앙아시아-유럽을 연결하는 '실크로드 경제벨트'를 뜻한다. '일로(一路)'는 '하나의 길(one road)'을 가리킨다. 동남아아시아-서남아시아-유럽-아프리카로 이어지는 '21세기 해양 실크로드'를 뜻한다.

이러한 중국의 거침없는 행보에 위기를 느낀 미국은 대대적인 반격에 나서고 있다. 이는 전형적인 투키디데스의 함정에 해당한다고 하겠다. 우선 먼저 관세폭탄 조치를 취하였다. 미국은 중국으로부터 수입하는 모든 상품에 대하여 15~25%의 고율의 관세를 부과하고 있다. 더욱이 미국의 요구를 수용하지 않으면 추가적으로 더 높은 관세율을 인상하겠다고 으름장을 놓고 있는 상황이다. 나아가 이제 중국을 환율조작국으로 지정하면서 통화전쟁으로까지 비화하고 있는 형국이다.

다음으로는 중국의 '기술굴기^(技術崛起)'에 대한 제재조치이다. 사실 미래의 세계 패권을 가늠하는 가장 중요한 게임 체인저^(Game changer)는 기술혁신에서 나올 가능성이 크다. 이미 중국은 2015년 기술굴기를 위한 '중국제조^(中國製造) 2025' 계획을 내놓았다. 미국은 이러한 중국의 행보가 국가 안보를 심각하게 위협한다고 보고 강력한 견제에 나선 상황이다. 통신장비업체 ZTE^(中興通訊)와 화웨이^(華爲)에 대한 제재조치는 이를 잘 보여주고 있다. 또 관세폭탄 투하대상이 주로 '중국제조 2025' 계획을 통해 세계 최고로 부상하겠다는 포부를 밝힌 품목들이라는 점도 그렇다.

또 다른 하나의 반격조치는 중국의 군사패권에 대한 제재이다. 특히 남중국해는 미중 군사충돌의 가장 큰 위험지대로 꼽힌다. 남중국해는 중국 · 베트남 · 필리핀 · 대만 · 말레이시아 · 브루나이 등 6개 국가와 접하고 있는 바다여서 전략적 요충지이다. 또 원유와 천연가스가 대량으로 매장돼 있는 자원의 보고이면서 중동산 석유의 이동 통로이기도 하다. 중국은 남중국해에 인공섬을 건설하는 등 해상영토 굳히기를 계속하여 왔다. 그러자 미국은 이를 견제하기 위하여 근처에 해군함을 파견하였다. 이에 대해 중국은 강하게 반발하고 있다. 미국은 남중국해가 공해라는 것과 국제법상 항행의 자유를 근거로 내세우며 중국의 인공섬을 인정하지 않는다. 반면, 중국은 남중국해의 인공섬이 영유권 지역이라며, 미국이 중국의 영유권을 침해하고 있다고 주장하고 있다.

외교 면에서도 중국 압박카드를 활용하고 있다. 미국 국방부가 2019년 6월 내놓은 보고서에는 대만을 국가로 명시하고 있는데, 이는 기존의 '하나의 중국' 원칙을 깨뜨리면서 체제 문제를 건드린 것이다. 또 홍콩주민들이 '범죄인 중국 정부 송환법' 제정을 반대하며 벌이고 있던 대규모 시위에 대해서도 미국은 인권보호라는 명분으로 지지하는 입장을 표명하면서 중국과 각을 세웠다.

무역전쟁으로 촉발된 미국과 중국의 갈등은 점차 외교·안보·군사 분야 등 전방위로 확산되고 있다. 양국의 원색적인 비난전이 가열되는가 하면 남중국해에서는 미국과 중국의 구축함이 충돌 직전까지 대치했다. 중국의 군사력 증강은 인도와 일본, 호주 등 주변국들의 군비경쟁에도 불을 지폈다. 중국과 러시아가 대규모 군사훈련을 하자 북대서양조약기구(NATO)도 이에 버금가는 무력시위로 맞불을 놓는 상황이다. 미중 싸움판에 주변 강국들도 가세하는 형국으로 치닫고 있는 것이다.

또 미국은 2019년 8월, '중거리핵전력협정(INF, Intermediate-Range Nuclear Forces Treaty)'을 탈퇴하였다. 이는 1987년 미국과 러시아가 체결한 사거리 500~5,500km의 중거리 핵미사일의 개발·배치를 금지한다는 조약으로, 양국 간 군비경쟁을 끝내는 토대가 되었다. 그러나 이 조약이 파기되면서 이제 세계는 또다시 군비경쟁에 돌입하는 '신 냉전' 구도에 처하게 되었다. 그런데 이러한 신 냉전 국면이 지속되다 보면 자칫 진짜 전쟁으로 치달을 수도 있을 것이다. 다수의 국가들이 핵을 보유하고 있는 상황에서 전쟁이 일어난다면 세상이 어떻게 될 것인지는 불을 보듯 훤하다.

국가이기주의 심화와 네오나치즘의 출현

지금 세계는 날이 갈수록 국가이기주의 성향이 강화되고 있다. 보수 우익화된다는 의미이기도 한 이 국가이기주의는 일반적으로 국가의 경제사정이 좋지 않거나 사회혼란을 겪을 때 심화되는 경향이 있다. 대표적인 예가 1960년경 동서독이 분단된 상황에서 민족의 정체성에 대한 혼란을 겪게 되자 대두된 '신나치주의(Neo-Nazism)'이다. 이는 제2차 세계대전 그리고 독일의 나치 독일 이후에 민족사회주의적인 사상을 재수용하는 사상이나 움직임을 말한다.

특히, 1990년 독일 통일 이후 실업문제와 경제상황이 악화되자 더 많은 신나치주의 단체들이 새로이 생겨났다. 추종자 대부분은 구동독 비행청소년이었다. 신나치는 폭력적인 양상을 띠었으며 '외국인은 물러가라', '독일인을 위한 독일' 등의 구호 아래 외국인 노동자나 난민 숙소를 공격하고 테러와 방화를 저지르기도 했다. 이들은 자신들을 나치 추종자가 아닌 국가사회주의자나 민족주의자라고 에둘러 표현했다. 그런데 이 사조는 점차 유럽으로 확산되었고 나중에는 미국에서도 호응을 얻게 되어 많은 동조 세력이 나타나게 되었다. 더욱이 국제사회가 점차 보수 우익화되는 경향을 보이면서 그 세력이 커지고 있다.

한편, 비슷한 시기에 미국에서는 신보수주의자를 뜻하는 '네오콘(neo conservative)' 세력이 등장한다. 이는 네오나치즘이 미국식으로 변형된 것이라고도 할 수 있다. 그 성향은 미국적 가치가 최선이며 무력 사용을 불사한다는 공격적 태도로 요약된다. 이들은 다른 나라 일에 크게 신경을 쓰지 않으며 고립을 즐기던 전통적 보수주의자들과는 다르게 적극적으로 국제문제에 개입해 새로운 국제질서를 세울 것을 주장한다. 그리고 자유민주주의와 시장경제, 기독교 등의 가치와 도덕관을 궁극의 가치로 보고, 이를 전세계에 전파시키는 것을 고귀한 사명으로 여겼다.

또 네오콘들은 힘이 곧 정의라는 구호 아래서 군사력을 바탕으로 미국이 세계의 패권국이 되는 것을 목표로 했다. 미국이 국제사회에서 경찰 역할을 맡아야 정세 안정과 평화를 담보할 수 있다는 주장을 펼쳤다. '악의 축(Axis of Evil)'이란 단어를 만들어내고 중동문제에 적극 개입하였다. 이 네오콘들은 특히 레이건 및 부시 행정부에서 강력한 위세를 떨쳤다.

미국의 국가이기주의 성향은 트럼프 행정부가 들어서면서 한층 더 심화되고 있다. 이는 물론 미국의 이익을 지키기 위해서는 국제문제에 적극적으로 개입해야 한다는 기존 네오콘의 입장과는 약간의 차이가 있다.

트럼프 대통령은 그동안 미국이 다른 국가들에게 일방적으로 수혜를 공여해온 결과 경제력이 많이 쇠퇴해졌다고 주장한다. 여기에 중국이 급속히 부상하는 것에 대해서도 커다란 위협을 느꼈다. 그래서 그는 집권하자마자 '미국을 다시 위대하게(Make America Great Again)'라는 슬로건을 내걸고 미국우선주의를 펼쳐나갔다. 그리고 환태평양경제동반자협정(TPP) 탈퇴, 반 이민 행정명령 서명, 멕시코 국경장벽 설치, 이란 핵협상 파기, 파리 기후변화협정 탈퇴, 유네스코 탈퇴 등 그동안 미국이 추구해온 가치와 이상에 배치되는 정책을 잇달아 쏟아내며 자유주의 국제질서를 훼손했다. 동맹 관계에도 수혜자 부담 원칙을 적용하고, 북대서양조약기구(NATO)를 '쓸모없는 동맹'이라고 폄훼하기도 했다. 아울러 자국의 경제적 이익에 반한다고 여기면 무차별적인 관세폭탄 조치를 취해나가고 있다.

유럽에서도 자국우선주의 성향이 강화되고 있기는 마찬가지다. 2015년 9월, 한 장의 사진이 세상을 경악시켰다. 해안가에서 발견된 3살배기 중동 난민 출신 한 남자아이의 시신 사진이었다. 아이는 전쟁을 피해 유럽으로 피신하던 중 사망하여 터키 해안가로 떠밀려온 것이었다. 충격적인 모습의 이 사진은 그동안 들끓고 있던 유럽을 위시한 서구사회의 반 난민 분위기에 미묘한 파장을 일으켰다. 물론 그동안에도 난민들의 사고소식은 끝없이 이어지고 있었다. 그중에는 배가 난파되어 바다에서 수장을 당하거나, 배를 타기는 했지만 브로커의 농간에 속아 돈만 빼앗긴 채 본국으로 재 송환되는 난민들의 수도 적지 않았다. 그래도 유럽사회는 이런 인권유린 사태들을 애써 모른 체하며 지냈다.

사실 유럽은 오래 전부터 난민 문제에 시달리고 있었다. 세계 각지의 분쟁지역 난민들이 부유하고 치안이 안정된 서유럽 지역으로 계속 들어왔기 때문이다. 그러나 유럽이 본격적으로 난민문제를 고민하기 시작한 것은 2010~2011년 아랍권 민주화 운동으로 중동과 북아프리카 전역에서 동시다발적으로 난민이 생기면서부터다. 난민 일부는 안전한 피신처를 찾아서 배를 타고 무작정 지중해를 건너기 시작했다. 이들은 낡은 배에 수많은 사람들이 무작정 올라타고 출항했기 때문에 침몰사고가 나면 엄청난 숫자가 죽기도 했다. 이외에 식량부족과 전염병에 의해서도 적지 않은 피해가 발생했다.

특히, 2015년부터 시리아 내전의 피해자들이 대거 유럽으로 몰려들면서 상황은 한층 더 심각해지게 된다. 난민들의 숫자가 무려 수백만 명에 달하였고, 사건사고 또한 급격히 늘어났기 때문이다. 이처럼 기하급수적으로 난민이 증가하기 시작하자 유럽이나 캐나다, 미국, 터키, UAE, 러시아 등지에서는 난민 수용을 거부하거나 거부하지 않더라도 소극적으로 대응하는 태도를 취하였다. 난민들을 수용하는 것에 대한 반대여론 역시 급격히 증가했다. 난민 수용 때문에 국가의 빚이 증가하고 세금이 오르는 등 경제적 부담이 만만치 않았기 때문이다. 여기에 장기간에 걸친 경제위기로 인해 외국인혐오 분위기가 확산되고 있었다. 더욱이 이슬람 근본주의자들에 의한 테러가 세계 도처에서 자행되고 있었기에 반 난민 감정은 더욱 깊었다. 실제로 난민들이 들어온 지역에서는 많은 사고와 범죄가 발생하기도 하였다.

이와 같이 2015년부터 본격화된 난민위기는 유럽 각국에 극우와 포퓰리즘(populism)이 확산되는 기폭제가 되었다. 그렇지 않아도 경제적 어려움을 겪고 있어 힘든데 난민들까지 들어와 정부예산을 갉아먹고 자기들의 일자리를 뺏는다는 불만이 동유럽 국가를 중심으로 유럽 전역으로 퍼져나갔다. 이에 개별 국가의 선거뿐만 아니라 유럽의회 선거에서도 자국이익을 우선하는 정당의 승리가 이어졌다. 영국이 유럽연합에서 탈퇴키로 결정한 '브렉시트(Brexit)'도 따지고 보면 이런 배경 속에서 가능했던 조치였다. 다시 말해 영국은 다른 유럽나라들로부터 난민, 이민자와 노동자 유입을 억제하고 국경통제를 강화하겠다고 천명한 것이다.

난민문제는 매우 복잡하게 얽혀 있기에 명쾌한 해결책을 마련하기란 쉽지가 않다. 그러나 유럽을 위시한 서구사회의 난민을 대하는 태도에서 국가이기주의가 심화되고 있다는 사실은 분명히 알 수 있을 것이다. 그동안 인권을 가장 중요한 가치로 삼아왔던 서구사회의 변화된 모습에서, 어떤 가치보다 자국의 이익을 앞세우는 국제사회의 맨얼굴을 보게 된다.

제2차 세계대전의 승리로 자유 진영의 패권국이 된 미국은 민주주의와 자유·인권·법치 등의 보편적 가치, 자유 시장경제 원칙에 입각한 각종 제도와 규범을 통해 미국의 이익에 최적화한 자유주의 국제질서를 구축해 왔다. 그것이 다른 나라들의 이익에도 도움이 된다고 믿었다. 소련의 몰락으로 미국이 전 지구적 패권국이 되면서 미국의 이미지를 본떠 만든 자유주의 질서는 세계를 지배하는 글로벌 질서로 확장됐다.

그로부터 약 한 세대 만에 자유주의 국제질서가 무너지고 있다. 미국과 함께 국제질서를 유지하는 데 중요한 역할을 해오던 유럽도 점차 자국우선주의를 강화해나가고 있다. 그러다보니 국제사회에서는 더 이상 관용 및 협조의 정신과 자세를 찾아보기가 어렵게 되고, 또 인권과 같은 보편적 가치에 대한 존중심도 엷어져 가고 있다. 그보다는 자국의 경제적 실익이 우선되고 있는 것이다. 그래서 경제적 타산에 따라 오늘의 친구가 내일은 적이 되기도 하고 혹은 그 반대의 경우가 되기도 한다. 이로 인해 아직 여유가 없는 개발도상국은 더욱 어려운 상황에 처하게 되었다.

한마디로 세상은 점차 평화와 공존번영이라는 숭고한 정신과 이념이 와해되고, 약육강식과 힘의 논리가 지배하는 원초적 동물 사회로 회귀하는 모습을 보이고 있다.

끊임없이 야기되는 심각한 민족갈등과 인종청소의 만행

인간의 역사는 갈등과 전쟁의 역사라 해도 과언이 아니다. 힘이 강한 민족이 약한 민족을 정복하여 지배하거나 심할 경우 그 민족을 아예 말살해 버리기도 했다. 고대 로마가 포에니 전쟁에서 승리한 뒤 카르타고가 재기하지 못하도록 철저한 파괴와 학살을 자행했던 것은 그 하나의 예이다. 기독교의 교본인 성경에서도 인종과 민족 간 갈등의 불가피성을 기록하고 있다. 이삭과 이스마엘의 후손들이 서로 갈등하고 경쟁하면서 살아가도록 세상을 창조한 것이다. 그 결과가 오늘날의 중동분쟁으로 나타나고 있는 것이다.

인종갈등은 유전되는 신체적 특징과 성격·지능·문화 사이에 인과관계가 있다는 인종주의 이론에 따라 차별이 정당화되면서 발생한다. 인종주의 이론에는 선천적으로 한 인종이 다른 인종에 비해 우수하다는 관념이 깔려있다. 그리고 이방인에 대한 혐오현상인 '제노포비아(Xenophobia)'가 녹아있다. 인종갈등에는 피부색이나 모발, 얼굴형 등 생물학적 차이와 함께 정치적·사회적·문화적 요인으로 인한 전통과 습속의 차이도 중요하게 작용한다. 그런데 이 인종갈등은 통상 지역분쟁과 전쟁으로 이어진다. 더 심한 경우 '인종청소'라는 끔찍한 형태로 나타나기도 한다. 이는 인권유린의 극한을 달리는 범죄이며 인간이 상상할 수 있는 최악의 개념이다.

인종갈등의 예로는 1960년대 흑인 인권운동을 촉발시킨 미국의 흑백갈등, 남아프리카 공화국의 '아파르트헤이트(apartheid)' 정책이 있다. 1994년 흑인정권 탄생 이전의 남아프리카공화국은 소수의 백인이 다수의 흑인을 지배하는 사회였다. 당시에는 피부색에 따라 주거지와 업무 공간을 구별하고 인종 간 교류나 접촉을 금지하는 정책으로, 극심한 반발과 갈등을 불러일으켰다.

흑인과 백인 간의 인종갈등은 외형상으로는 많이 개선되기는 하였다. 하지만 아직도 많은 사람들은 미국 사회에서 인종차별이 여전히 존재한다고 느낀다. 공적인 영역에서는 사라졌지만, 사적인 방식으로는 여전히 인종 간의 미묘한 차별이 존재한다는 것이다. 예컨대 사내 규정을 바꿔서 유색인이 취업 시 불이익을 받도록 만들거나, 서비스 업종에서 유색인들은 미묘하게 불친절한 대접을 받고 있다. 더우이 아직도 간혹 백인 우월주의를 표방하는 무력단체인 KKK 단이 흑인을 대상으로 살상범죄를 저지르고 있기도 하다.

인종청소의 예로는 제2차 세계대전 때 나치의 유태인 학살, 즉 홀로코스트(Holocaust)가 가장 잘 알려져 있다. 당시 학살을 당한 유태인 수는 무려 600만 명에 이른다고 한다. 그러나 이 외에도 아메리카 원주민인 인디언 학살, 20세기 초반 오스만 제국의 청년투르크당이 자국 내의 기독교 신자인 아르메니아인 학살, 중일전쟁 당시 일본군이 저지른 난징 대학살, 크메르 루주 공산정권 치하에서 일어난 캄보디아 킬링필드(Killing Fields), 인도네시아의 동티모르 학살, 수단 내전의 다르푸르 학살, 르완다 내전 등 이루 말할 수 없이 다양하다.

발칸반도는 19세기말 오스만 투르크제국의 세력이 약화되기 시작하면서부터 그동안 오스만의 지배를 받고 있던 여러 민족들은 독립을 선언하다. 이 과정에서 각국의 이해문제가 복잡하게 얽히고 상충하면서 발칸반도는 세계의 화약고로 떠올랐다. 원래 발칸반도에는 세르비아인, 슬라브족, 알바니아인, 그리고 집시 등 다양한 민족들이 뒤엉켜 살고 있었다. 당연히 이들의 생활관습이 달랐으며 그 뿌리가 되는 문화도 달랐다. 서로 다른 문화적 배경을 가진 여러 민족들이 하나의 통일된 규범과 질서 속에서 살아간다는 것은 매우 어려운 일이었다. 그러하기에 다양한 민족들 간의 갈등은 여태껏 지속되고 있는 것이다. 그래서 이들 간에는 걸핏하면 분쟁이 일어났고 마침내 이들의 문제가 세계대전으로까지 비화되었다.

발칸반도에서 일어난 대형 인종분쟁으로는 우선 보스니아 내전을 들 수 있다. 원래 유고슬라비아연방은 세르비아, 슬로베니아, 크로아티아, 보스니아-헤르체고비나, 마케도니아, 몬테네그로 등 6개의 공화국과 2개의 자치주로 이뤄져 있었다. 그러나 강력한 지도자 요시프 티토가 1980년 사망하자 분리 독립의 분위기가 조성되면서 세르비아를 제외한 대부분이 연이어 연방탈퇴와 독립을 선언했다. 이 과정에서 유고연방을 지키고자 한 세르비아계는 독립을 원하는 무슬림 보스니아계 및 크로아티아계와 갈등을 겪게 되고 이것이 전쟁으로 비화됐던 것이다.

1992년 보스니아가 독립국가로 공식 인정받으며 UN에 가입하자, 세르비아 민병대의 보스니아 마을공격으로 보스니아 내전은 시작되었다. NATO의 개입과 미국의 중재로 3년 9개월 만에 전쟁은 끝났지만 커다란 상흔을 남겼다. 특히 세르비아계가 8,372명의 무슬림들을 희생시킨 스레브레니차(Srebrenica) 대학살은 인종청소로 불릴 정도로 참혹한 살육으로 기록되고 있다.

또 다른 하나의 커다란 분쟁이 코소보(Kosovo)사태다. 1998~1999년에 걸쳐 인구 200만 명의 코소보에서는 조직적 인종청소가 벌어졌다. 코소보가 세르비아로부터 독립을 선언한 뒤부터다. 이 전쟁으로 150만 명의 난민이 생겨났고 1만 명이 죽었다. 가해자는 세르비아 세력이고 피해자는 코소보 주민의 90%를 차지하는 알바니아계 주민들이다. 코소보의 알바니아계 주민들은 자치권 확대를 바랐다. 그러나 '위대한 세르비아 건설'을 구호로 내세워 권력을 잡았던 슬로보단 밀로세비치 전 유고연방 대통령은 그 같은 요구를 무력으로 짓밟았다. 결국 NATO평화군의 개입으로 전쟁은 종료되었고, 코소보는 유엔의 보호령이 되었다.

현재 진행되고 있는 가장 심각한 민족분쟁은 단연 쿠르드족 분리 독립의 문제이다. 쿠르드족은 인구 3,200만 명에 달하는 세계 최대의 나라 없는 유랑민족이다. 그들은 지난 1세기 동안 서구사회와 주변국들의 이해관계에 휘둘리며 이들로부터 협력과 배신을 경험했다. 이들은 터키나 이란, 시리아 등으로 흩어져 살게되었고, 자신이 거주하는 국가로부터의 강제동화와 차별 정책에맞서 처절한 생존투쟁을 해오고 있다.

오늘날 쿠르드인들의 비극적 운명은 1차 세계대전 직후 찾아왔다. 수백 년 동안 오스만 제국의 일원이었던 그들은 1919년 윌슨 미국 대통령의 민족자결주의에 크게 고무되어 자치와 독립의꿈을 품었다. 그러나 1923년 체결된 로잔조약에 의해 쿠르드인들이 살고 있는 지역인 쿠르디스탄이 인위적 영토구획에 의해 터키, 이란, 이라크, 시리아, 아르메니아 5개국에 강제분할 귀속되었다. 현재 쿠르드족은 터키 1,500만 명, 이라크 500만 명, 이란800만 명, 시리아 200만 명, 인근 아랍과 유럽 등지에 약 200만명이 거주하는 것으로 추산된다.

가장 많은 쿠르드인이 사는 터키는 동화와 민족통합 정책을 강제로 추진하고 있다. 터키정부는 이들 쿠르드인을 다른 하나의민족으로 인정하기를 거부하고 '산악 터키인'이라는 이름으로 부르고 있다. 터키정부의 강제 동화정책은 결국 1978년 쿠르드 노동당(PPK)이라는 무장 테러조직의 등장을 자극했다. 이후 PKK는 터키 군경에 대한 무차별적인 공격을 가하는 등 투쟁을 해오고 있다. 다만, 터키의 유럽연합(EU) 가입 이후 쿠르드인들에게 자국말을 허용하는 등 유화책을 펼치고 있지만 그들의 독립열망을 인정하지 않고 있다. 그러기에 분쟁의 불씨는 계속 남아 있는 것이다.

　지금도 지구상에는 인종과 영토, 종교와 문화적 갈등으로 인해 수많은 민족과 국가 간에 분쟁이 일어나고 있다. 그러다 보니 우리가 살고 있는 이 세상이 마치 증오와 갈등 그리고 분쟁의 도가니가 되어가는 것 같은 느낌이 든다. 그중에서도 가장 많은 분쟁이 일어나고 있는 지역은 아프리카일 것이다. 수단과 콩고가 이미 남북으로 분리되었으며, 이 시간에도 아프리카에서는 수많은 부족 간의 유혈분쟁이 끊임없이 일어나고 있다.

　그리고 한족과 위구르족 간의 갈등에서 비롯되고 있는 중국 신장지역에서의 소요, 수 십 년에 걸쳐 지속되고 있는 바스크족의 스페인으로부터의 분리 독립 무장투쟁, 우크라이나에서 이루어지고 있는 러시아인과의 유혈 분쟁, 또 영국 잉글랜드 지방과 스코틀랜드의 갈등, 미얀마의 로힝야족 탄압 등도 결국은 서로 상이한 문화와 인종 간의 갈등과 충돌이라 할 것이다.

　법적으로 인종차별이 금지되었으니 이제 인종차별은 없다고 생각하는 것은 오산이다. 실제로는 다른 인종과 문화가 부딪치는 곳이라면 어디서든 인종차별은 존재한다. 인도의 카스트 제도도 법적으로는 금지되었지만 여전히 출신 성분으로 차별하는 것도 이러한 맥락이다. 호주에도 겉으로는 잘 드러나지 않지만 유색인종의 이민을 제한하는 정책인 백호주의(白豪主義) 경향이 여전하다.

문제의 심각성은 이러한 민족갈등의 해결책이 잘 보이지 않을 뿐더러, 오히려 날이 갈수록 갈등의 정도가 한층 더 심각해지고 있다는 것이다.

갈수록 커지는 테러에 대한 공포

테러란 특정목적을 가진 개인 또는 단체가 살인 · 유괴 · 저격 · 약탈 등 다양한 방법의 폭력을 행사하여 사회적 공포상태를 일으켜 사상적 · 정치적 · 종교적 목적을 달성하려는 행위를 말한다. 테러범들은 목적에 따라 총기류, 폭탄, 항공기, 생화학 무기 등을 다양하게 사용하는데, 최근에는 폭발물을 안고 자신도 함께 죽음을 맞는 이른바 자살테러도 늘어나고 있다. 또 정보과학 기술의 발전과 함께 나타난 사이버 테러는 주요 기관의 정보 시스템을 파괴하여 국가 기능을 마비시키는 신종 테러이다.

과거에는 민족주의를 내세운 분리주의자 등에 의한 테러가 흔했지만, 갈수록 종교 극단주의자에 의한 테러가 더 늘어나고 있다. 종교 극단주의 테러도 순수하게 종교 때문이라기보다는 사상과 이념을 포함해 다양한 원인들이 복합적으로 작용하고 있다. 테러단체로는 탈레반(Taliban), 알카에다(Al-Qaeda), 이슬람국가(IS) 등 이슬람 근본주의를 표방하는 무장단체들이 주를 이루고 있다.

9.11 테러는 역사상 가장 끔찍한 테러로 기록된다. 2001년 9월 11일, 아메리칸 에어라인 11(AA11)편과 유나이티드 항공 175(UA175)편 2대의 여객기가 세계무역센터(WTC) 건물과 충돌했다. 이들은 각각 오전 7시 59분과 8시 14분 보스턴을 출발해 로스앤젤레스로 향하는 비행기로, 대륙 횡단에 필요한 연료를 가득 탑재하고 있었다. 비행을 시작한 지 얼마 지나지 않아 이들은 무장한 자살 테러리스트에게 납치당했다. 이후 AA11편은 오전 8시 46분 세계무역센터 북쪽 건물의 93층과 99층 사이에 충돌했다. 승무원과 탑승객은 전원 사망했다.

이어 9시 3분 UA175편이 남쪽 건물의 77층과 85층 사이로 충돌했다. 여객기가 건물에 충돌하자 10만 ℓ 가량의 항공유가 타면서 격렬한 화재가 발생했다. 충돌 지점보다 상층에 있던 사람들은 계단이 붕괴되어 대피로를 찾지 못했고 수많은 이들이 열기와 연기를 이기지 못해 건물에서 뛰어내렸다. 오전 9시 59분 세계무역센터 남쪽 건물이 먼저 무너졌다. 이어 10시 28분 북쪽 건물이 완전히 붕괴되고, 이 잔해에 맞아 47층 높이의 세계무역센터 부속건물도 오후 5시 20분경 붕괴됐다. 주변의 다른 건물들도 심각한 피해를 입었다.

같은 날 미 국방부 건물인 워싱턴 D.C.의 펜타곤에도 비행기가 충돌했다. 이날 8시 20분 워싱턴에서 출발해 로스앤젤레스로 향했던 아메리칸 에어라인 항공 77편은 8시 54분 항로를 180도 바꾸어 다시 워싱턴 펜타곤으로 향했다. 다행히 펜타곤은 낮고

넓은 특유의 구조와 테러에 대비한 구조적 설계 덕분에, 비행기에 직접 부딪힌 피격 구간만 붕괴되었을 뿐 옆 구간의 연쇄 붕괴로는 이어지지 않아 피해가 적었다.

이 테러로 세계무역센터에서는 2,600명이 넘는 사람들이 죽었고, 펜타곤에서는 125명이 죽었다. 항공기들에 탑승한 승객 총 256명 전원이 사망했음은 물론이다. 뉴욕 소방관 343명, 뉴욕 경찰 84명, 뉴욕 항만국 직원 23명이 현장에서 사망했다. 이것은 미국 역사상 최악의 공격피해로 꼽히며, 총 인명 피해 3,130명은 진주만 공습의 사망자 2,330명보다도 800명이 더 많다.

이 9.11 테러는 자신의 의사나 존재를 알리는 데 목적이 있던 이전의 테러들과는 차원이 달랐다. 테러로 인한 인적, 물적 피해의 범위가 거의 전쟁 수준에 이르렀다. 이 사건이 있은 후 미국은 '테러와의 전쟁(War On Terror)'을 선포했다. 부시 전 대통령은 사건 후 한 달 만에 아프가니스탄을 침공해 탈레반 정권을 몰아냈다. 그리고 2011년 12월에는 이라크와의 전쟁도 끝냈다. 당초 전쟁의 이유로 들었던 대량 살상무기는 찾지 못했지만 2003년 사담 후세인 정권을 무너뜨렸고, 9.11테러의 배후로 지목된 알카에다의 지도자 오사마 빈 라덴도 2011년 사살했다.

그러나 이후에도 세계 도처에서 참혹한 테러가 벌어졌다. 2005년 알카에다는 영국 런던의 지하철과 버스 3대에 대한 연쇄적인 폭탄테러를 일으켰는데, 시민 50여명이 사망하고 700여명이 부상했다. 여기에 알카에다보다 더 잔혹한 수니파 이슬람 극단주의 무장단체 IS(Islamic State)까지 등장하면서 테러피해는 더 커지고 있다.

2013년 6월 29일 창설된 무장테러단체 '이슬람국가(IS)'는 스스로 국가를 자칭하며 시리아와 이라크 일부를 차지하고 각종 범죄를 저지르고 있다. 아울러 포로를 처형하는 잔혹한 영상을 중계하는 수법으로 세계 여론을 자극했다. 결국 미국은 2014년 9월 IS 격퇴를 위한 군사작전 돌입을 선언했다. 또 다시 테러와의 전쟁이 시작된 것이다.

한편, IS는 2015년 6월 이후 미국의 공습에 동참한 터키, 러시아, 프랑스에 대해서도 대규모 테러를 자행했다. 특히 프랑스에서 이뤄진 연쇄테러는 세계를 경악시켰다. 2015년 11월 13일, 프랑스 파리 곳곳에서 자살폭탄과 총기를 이용한 동시다발적 테러가 발생했다. 그런데 이 테러는 정부시설이나 공공기관이 아닌 일반시민을 표적으로 삼아 공연장, 축구경기장, 식당, 카페 등에서 저질러졌기에 충격이 더욱 컸다. 이날 발생한 테러로 132명이 사망하고 350여 명이 부상당한 것으로 알려졌다.

최근에는 이슬람 일부 과격세력이나 테러단체 소속원이 아닌 평범한 일반인들에 의한 테러 성격의 범죄가 늘고 있다. 이런 유형의 테러는 일상에서 또는 주변 사람에 의해 벌어진다는 점에서 조직이나 단체에 의한 것보다 오히려 더 위협적이다. 이런 유형의 테러를 일으키는 가해자들을 흔히 '외로운 늑대(Lone wolf)'라고 부르는데, 배후 없이 독자적으로 행동하기 때문이다. 이들은 테러를 모방하거나 그 테러집단과 한 편인 것처럼 행동하기도 하지만 그냥 외톨이들이다.

1995년의 오클라호마시티 폭탄 테러사건을 필두로 미국에서는 범행동기조차 뚜렷하지 않은 총기난사 사건이 연이어 일어나고 있다. 2017년 라스베이거스 카지노 거리에서 발생한 21세기 이후 미국 역사상 가장 많은 시민들이 사망한 무차별적인 총기난사 사건 또한 그중의 하나다. 범인 포함 59명이 사망하고 851명이 부상했다. 한국도 이런 유형 테러의 안전지대가 아니다. 2019년 4월, 진주에서는 자신의 아파트 방에 휘발유를 뿌려 불을 지른 뒤 대피하던 이웃 주민들에게 흉기를 휘둘러 5명을 숨지게 하고 13명에게 중경상을 입히는 사건이 발생하였다.

사이비 종교단체에 의한 '묻지마 식' 테러도 발생하고 있다. 1995년 3월 20일 월요일 아침, 사이비 종교집단인 옴진리교의 광신도들이 한창 사람들로 붐비는 러시아워 시간대에 일본 도쿄지하철 5개 차량에 대량의 사린(Sarin)가스를 살포하여 많은 사상자를 내는 사건이 발생하였다. 이 테러로 12명이 숨졌고 부상자는 5,500여 명에 이르렀다.

이처럼 불특정 다수를 대상으로 '묻지마 식' 잔혹범죄를 저지르는 사람들은 주로 사회에 대한 적개심과 불만을 범죄이유로 든다. 우리는 경제적 풍요 속에 편리한 세상에 살고 있지만, 그 가운데 소외되어 힘든 사람들 또한 더 많아지고 있다. 그들은 누구와도 친구할 수 없는 폐쇄된 삶을 살아가고 있다. 이를 방치하면서 고스란히 우리 사회의 불안요소가 되었다.

증오범죄가 늘고 있는 것도 문제다. 인종이나 국적, 성별, 종교, 성적(性的)취향이 자기와 다른 사람이나 장애인 등 특정대상에 대해 증오심과 편견을 가지고 테러를 가하는 범죄행위가 곳곳에서 벌어지고 있다. 그 결과 아무 잘못 없는 사람이 살상당하거나 재산상 피해를 입는 불합리하고 부당한 일이 벌어지고 있고 안전을 위한 사회적 비용 또한 증가하고 있다.

한편, 정보화시대가 본격화되면서 야기된 폐해의 하나로 사이버 테러가 극성을 부리고 있다. '사이버 테러(cyber terror)'란 인터넷을 이용해 시스템에 침입하여 데이터를 파괴하는 등 상대방의 네트워크 기능을 마비시키는 신종 테러 행위이다. 해킹을 비롯한 사이버 테러는 수법이 날로 교묘해지고 파괴력 또한 갈수록 커지고 있다. 이 사이버 테러의 특징은 시간이나 공간을 초월하여 세계 곳곳에서 동시다발적으로 진행될 수 있다는 점에서 피해규모가 상상을 초월하며, 또 우회적인 경로를 사용하기 때문에 범죄자를 적발하기도 어렵다는 것이다.

사이버 테러 수법에는 강한 전자기를 내뿜어 국가통신 시스템·전력·물류·에너지 등의 사회기반시설을 일순간에 무력화시키는 전자기 폭탄, 데이터 량이 큰 메일 수백만 통을 동시에 보내 대형 컴퓨터 시스템을 다운시키는 온라인 폭탄, 세계 유명 금융기관이나 증권거래소에 침입하여 보안망을 뚫고 거액을 훔쳐내는 사이버 갱 등이 있다. DDoS(distributed denial of service) 공격은 정부기관, 은행, 포털, 언론, 쇼핑몰 등 주요 인터넷 사이트를 서비스 불능 상태로 만들어 다른 사용자가 인터넷 사이트에 접속하지 못하도록 한다. 특정인의 신상 관련 자료를 인터넷 검색을 이용하여 찾아내 다시 인터넷에 무차별 공개하는 신상털기 또한 사이버 테러의 일종이라 하겠다.

우리는 일반적으로 테러는 미국과 유럽, 이슬람 국가에서 일어나는 일이라고 생각하는 경향이 있다. 아시아지역은 지리적으로 중동으로부터 떨어져 있기 때문에 종전에는 테러의 공포를 실감하지 못하며 살아왔다. 그러나 오늘날에는 항공교통의 발달, SNS의 확산, 소위 '외로운 늑대'라고 불리는 자생적 테러분자들로 인해 더 이상 안전한 지역이 아니다. 현재도 세계 곳곳에서 각종 테러가 발생하고 있는 실정이다. 더욱이 그 유형은 더욱 잔혹해지고 수법 또한 교묘해지고 있다. 이제 세상 그 어디도 안전한 곳이 없게 되어 가는 형국이다.

소득불균형과 양극화 심화로 인한 자본주의 체제 붕괴

1990년대 초를 기점으로 공산주의가 붕괴하자 자본이 세계를 지배하는 신자유주의 시대가 활짝 열렸다. 그러나 경쟁과 시장원리에 기반을 둔 신자유주의는 양극화와 사회부조리 현상을 심화시켰다. 그 결과 중산층이 무너지고 서민계층의 삶은 더욱 피폐화되어 갔다. 아울러 사회갈등이 심화되고 사회에 대한 불만을 폭력으로 표출하는 양상까지 나타남으로써 체제의 안정마저 위협하게 되었다. 이러한 현상에 분노한 미국의 시민단체와 서민들은 2008년 '월가를 점령하라(Occupy Wall Street)'는 기치를 내걸고 봉기했다. 그들은 대기업과 금융자본의 탐욕, 사회부조리 시정을 위하여 가진 자들이 솔선수범할 것을 강력히 요구하였던 것이다.

오늘날 우리 경제사회가 '20대 80'의 사회를 넘어 '1대 99'의 사회로 변해가고 있다고 말한다. '20대 80'의 사회에서는 그래도 하위그룹이 희망을 가질 수가 있다. 하위 그룹이 언제라도 상위그룹으로 치고 올라갈 수 있기 때문이다. 또한 그나마 중산층이라는 게 있어서 상위층과 하위 그룹 양 계층의 목소리를 전달하고 조절하는 역할을 할 수 있기 때문이다. 그러나 1대 99의 사회에서 하위 그룹이 상위 그룹으로 진입할 가능성과 계층 상호간의 갈등 조정을 담당할 중산층이 없다.

크레디트스위스 은행의 2014년 연례 보고서에 따르면, 세계 인구가 소유한 글로벌 자산 총액은 263조 달러에 달하며, 전 세계 최상위 부유층 1%가 이 중 절반에 가까운 48%를 소유하고 있다고 한다. 또 소득분배를 연구하는 단체 '세계 부와 소득 데이터베이스'(WID.world)가 발표한 '세계 불평등 보고서(World Inequality Report 2018)'에서도 빈부격차는 갈수록 커지고 있는 것으로 나타났다.

이 보고서에 의하면 세계 상위 1%, 약 7,600만 명의 부유층이 1980~2016년 사이에 늘어난 부의 27%를 차지했다. 그중에서도 상위 0.1% 760만 명이 13%, 상위 0.001% 7만 6천명이 4%를 차지했다. 이는 부자들 사이에도 '부익부' 현상이 심화된 것을 보여주고 있다. 반면, 하위 50%와 중간층에게 돌아간 부의 성장률은 0에 가까울 정도로 미미하였다. 이에 따라 상위1%와 하위 50%간 소득격차는 1980년의 27배에서 81배로 벌어졌다.

이처럼 불평등은 전 세계적인 현상이었지만, 소수의 상위계층에 소득이 집중되는 일은 후진국이나 개발도상국에서 더 심했다. 2016년 기준 유럽의 상위 10%는 국가 전체 소득의 37%를 누리는 반면 중동의 상위 10%는 국가 소득의 61%를 차지하고 있었다. 인도와 브라질 55%, 사하라 사막 이남 아프리카 국가 54%로 이들의 소득집중도 심각했다. 미국과 캐나다는 47%였다.

한편, 인공지능과 로봇의 발전을 계기로 소득불평등과 양극화 현상은 앞으로 한층 더 심화될 것으로 예상된다. 1990년대부터 시작된 인터넷과 정보기술 혁명 당시 이 기술을 제대로 활용한 계층은 소득이 늘어난 반면, 디지털 문맹은 그렇지 못했다. 이를 두고 우리는 '디지털 디바이드(digital divide)' 현상이라고 불렀다.

더 나아가 이제는 로봇 활용도에 따라 빈부격차가 심화되는 '로보틱스 디바이드(robotics divide)' 현상이 나타날 것이라는 주장이 제기되고 있다. 이에 의하면 향후의 세계는 로봇공학의 발달로 소득계층은 상위 10%와 하위 90%로 양분될 것이다. 그리고 로봇의 발전을 주도할 수 있는 상위 10%는 고임금을 누리지만, 하위 90%는 로봇에 일자리를 빼앗겨 저임금 일자리로 내몰리게 된다. 처음에는 비교적 단순한 직종들에서 로봇에게 일자리를 빼앗기겠지만, 시간이 가면서 점점 더 복잡한 작업들을 기계가 대체하게 될 것이다. 그때가 되면 인간이 기계보다 더 잘 할 수 있는 일은 몇 개나 남아 있을지 예측할 수 없다는 것이다.

이와 함께 인공지능의 발전에 따라 직무 내용이 극적으로 변하는 과정에서 기계와의 협업에 성공하는 사람들과 그렇지 못한 사람들이 나뉘면서 직종 내 양극화 문제가 나타날 수도 있다. 또한 인공지능은 일종의 자산이므로 로봇, 인공지능을 보유하거나 능수능란하게 부릴 수 있는 사람과 기업은 높은 자본소득을 거둘

수 있지만, 그렇지 못할 경우 도태되고 말 것이다. 결국 인공지능의 보급 확대는 일자리 감소뿐만 아니라 계층 간의 소득격차를 더욱 확대시킬 수 있다는 것이다.

미래학자 토마스 프레이는 "인공지능의 등장으로 2030년에는 전 세계에서 20억 명의 일자리가 사라지고 불평등이 더욱 심해질 것"이라고 예측하였다. 일자리가 사라지는 대신 대다수의 사람들은 실업 상태로 전락하거나 단순 노동자가 된다는 이야기다. 이들은 사회 일자리의 대부분을 인공지능에 빼앗기고 단순 반복적인 일을 하며 살아가게 될 것이다. 그 결과 정부가 제공하는 임시 방편적인 일자리나 기본소득으로 연명할 가능성이 크다.

사실 경쟁을 기본원리로 하는 자본주의 사회에서는 빈부격차가 생겨나기 마련이다. 그런데 승자독식 현상은 이를 한층 더 부추기고 있다. '승자독식(Winner-Take-All)'이란 원래 전쟁에서 나온 용어로 승자가 모든 전리품을 챙기는 데서 유래한 것이다. 이후 미국의 선거제도에 도입되어 선거인단을 승자에게 몰아주는 방식으로 활용되고 있다. 즉 한 표라도 더 얻은 후보가 그 주의 선거인단을 싹쓸이해 가는 것이다. 지금은 소수의 사람이나 기업에 경제적 보상이 집중되는 현상을 표현하는 용어로 확장되어 사용되고 있다.

현실적으로 돈을 버는 능력이 모든 판단의 기준이 되어버린 자본주의 체제에서는 일등이 차지하는 파이가 너무나 크다. 이제 대중은 최고의 가수, 최고의 운동선수를 원하고 기업은 가장 탁월한 경영자를 선택한다. 적당히 재능 있는 사람들은 설 자리가 없다.

이는 일등만이 살아남는 사회를 의미하며, 현대판 약육강식이라 할 것이다.

능력이 뛰어난 사람이 좀 더 차지하게 되면 사회는 발전하게 될 것이다. 그러나 일등이 노력에 비해 터무니없이 많은 부를 차지하는 사회는 결코 공정하거나 바람직한 사회가 아니다. 모두가 일등이 되고자 지나친 경쟁을 할 경우 경제의 발전을 가져오기보다는 오히려 비생산적인 소비와 투자를 유발하여 낭비적인 요소가 커지게 된다. 이와 함께 사회적 갈등과 대립이 심화되면서 체제의 불안정마저 야기하게 될 것이다.

〈프로테스탄트 윤리와 자본주의 정신〉의 저자 막스 베버는 자본주의가 발전하기 위한 근원적인 동력은 근면과 성실, 시간을 헛되이 보내지 않는 청교도적 사상에 있다고 강조하였다. 그는 또 자본가든 노동자든 일할 수 있는 신성함에 감사하고, 탐욕을 버리고 근면과 성실함을 더해 자본주의의 가치를 높여 나가야 한다고 말했다.

그런데 지금의 현실은 막스 베버가 꿈꾸던 자본주의 정신이 점차 퇴조하고 있는 것 같다. 우리 주변에 돈이 되면 무엇이든 불사한다는 이기심과 탐욕이 가득하고, 근면과 성실 대신 요행과 재산의 대물림, 그리고 정부 지원에 기대어 살려는 나태함이 거세게 밀어 닥치고 있다. 이러다가 정말 자본주의가 위기에 봉착하고 끝내는 몰락하지 않을까 하는 두려움이 엄습한다.

연금 및 재정의 파탄으로 인한 국가부도

　지금 세계는 빚이라는 이름의 올가미가 가계와 기업, 그리고 정부의 목을 죄고 있다. 그 말은 77억에 달하는 인류가 돈놀이의 볼모로 사로잡혔다는 뜻이다. 지난 십수년 동안 이어진 세계경제의 고성장은 빚으로 만들어진 거품이었고, 미국 금융위기와 유럽 재정위기는 거품을 만들어낸 인간들에 대한 일종의 심판이었다.

　국제금융협회(IIF)가 발표한 '글로벌 부채 모니터'에서 2019년 1분기 세계 총부채 규모는 246.5조 달러를 기록했다. 이를 세계 전체 인구 77억 명으로 나누면 1인당 부채 규모가 3만 달러 정도에 달한다. 또 이 부채규모는 전 세계 GDP의 3배에 달하는 수준이다. 이러한 글로벌 부채 증가는 전반적으로 세계가 생산하고 있는 것보다 더 많은 돈을 빌리고 있다는 것을 의미한다. 말하자면 분수에 넘치는 생활을 하고 있는 것이다. 더 큰 문제는 이 엄청난 빚 규모가 앞으로 더 늘어날 가능성이 높다는 점이다.

금융위기 이후 위기 극복의 명분으로 통화를 무제한으로 풀었고 금리를 마이너스 수준까지 떨어뜨렸다. 이로 인해 세계경제가 어느 정도 회복하기는 했으나, 경제주체들의 빚 부담이 크게 늘어나면서 장기적으로는 오히려 경제를 침체시킬 우려가 있다. 이는 정책금리 등 정책수단이 제자리에 복귀되지 않은 여건에서 자산가치가 하락하면 경제주체의 빚 상환 능력과 가처분소득이 더 떨어지고 정책대응마저 쉽지 않기 때문이다. 이 경우 세계경제는 자칫 1990년대 일본이 당했던 잃어버린 20년의 전철을 밟을 수 있게 될 것이다. 이에 IMF를 비롯한 주요 예측기관들은 빚 부담을 연착시키지 못할 경우 세계경제에 복합불황이 닥칠 것이라고 경고하고 있다.

여기에 전 세계적으로 기승을 부리고 있는 '복지 포퓰리즘(populism)' 현상은 이런 문제를 한층 더 증폭시키고 있다. 2008년에 시작된 미국의 금융위기와 유럽의 재정위기는 성격과 내용은 다르지만 발생 원인을 따져보면 한 가지 중요한 공통점이 발견된다. 두 위기 모두 '빚이 만든 재앙'이란 사실이다. 미국의 경우 탐욕에 빠진 투기꾼들이 과도한 '차입투자'를 하다 거품이 터지게 된 것이고, 남유럽 국가들은 분에 넘치는 '차입복지'를 즐기다 문제가 발생하게 된 것이다.

지금은 공짜복지들이 달콤할지 몰라도 나중에 돌아올 부담은 엄청난 파괴력을 지닌다. 복지만능 주의는 중장기적으로 사회의 활력을 저상시키고 국가의 재정위기를 초래할 가능성이 있다. 더욱이 한번 달콤한 복지 맛에 길들여지면 이를 줄이기가 거의 불가능하다. 그러나 결코 공짜점심은 없다는 점을 기억해야 한다. 증대하는 복지수요를 감당하기 위해 들어간 돈은 누군가는 갚아야 할 빚이다. 결국은 우리가 갚아야 하는 빚이고, 우리세대가 감당하지 못하면 우리의 후손들이 짊어져야 할 빚인 것이다.

　지금 세계 다수의 국가들은 재정악화와 파탄의 위기에 처해 있다. 이와 같은 재정악화는 정부의 역할 확대, 특히 복지재정 지출의 증가에 기인한다. 서구를 중심으로 복지국가를 지향하는 현대 자유주의 경제사회에서는 갈수록 정부의 역할, 특히 복지증진에 대한 수요가 늘어나고 있다. 복지예산이 전체 재정에서 차지하는 비중이 절반수준에 육박하고 있다.

　주요 선진국의 재정상황을 살펴보자. 우선 세계 최대 규모의 국가부채를 지닌 미국은 오래전부터 재정위기를 겪어오고 있다. 미국은 1980년대부터 재정적자와 무역적자의 쌍둥이 적자에 시달려왔지만, 특히 2012년 말부터는 심각한 재정위기 국면에 처해 있다. 재정적자 규모가 이미 GDP의 100%를 웃돌고 있다. 이로 인해 툭하면 연방정부의 업무가 일시 정지되는 정부폐쇄(shutdown) 조치가 일어나고 있다.

　한편, 우리가 지향하는 복지국가 모델인 서구유럽 국가들의 최근사정은 어떠한가? 유로 존은 아직도 재정위기에서 벗어나지 못하고 있다. EU 국가들의 재정위기는 그동안 내부에 잠재해 있던 다양한 문제들이 2008년 글로벌 경제위기를 계기로 표출된 것이다. 무엇보다 과다한 복지수요 충족을 위한 재정지출 증가가 문제였다.

이에 따라 그리스를 시작으로 아일랜드, 포르투갈, 스페인 등 소위 PIGS라고 불리는 국가들은 이미 구제금융을 지원받았다. 특히 그리스는 재정파탄으로 국가부도(default)위기 직전까지 갔다가 IMF로부터 구제금융을 받아 가까스로 위기를 모면하였다. 그 과정에서 경제적 주권을 훼손당하게 되었고, 국민들은 심각한 불황과 고실업으로 커다란 고통을 겪게 되었다.

유럽의 재정악화 문제는 비단 이들뿐만 아니라 독일과 네덜란드 등 일부를 제외하고는 전 EU국가들로까지 확산되고 있다. 그리스, 아일랜드, 포르투갈, 이탈리아 등의 GDP 대비 국가채무 비율은 이미 100%를 넘어섰으며, 여타 대부분의 EU 회원국들도 그 비율이 재정건전성 판단 기준인 60%를 초과한 상태이다.

그러면 일본은 어떠한가? 일본은 경제규모 면에서 세계 3위의 경제대국이고 1인당 국민소득 또한 4만 달러에 달하는 탄탄한 경제력을 가지고 있다. 그럼에도 국제신용평가기관들은 일본의 국가신용등급을 한국과 비슷한 수준으로 평가한다. 그 이유는 일본의 국가부채 규모가 대단히 크기 때문이다. 물론 절대규모 면에서는 세계최대의 재정적자 국가는 미국이다. 그러나 GDP 대비 재정적자의 비중은 일본이 200%를 상회함으로써 세계최대이다. 더욱이 경기부양을 위해 재정확대 정책을 계속 추진하고 있어 재정적자 규모는 앞으로 더 커질 것으로 예상된다.

　세계 2위의 경제대국인 중국 또한 재정안정성을 장담하지 못한다. 물론 중국의 GDP 대비 국가부채 비중은 아직 50% 안쪽이어서 미국과 일본이 각각 100%, 200%를 넘어선 것에 비하면 외견상으로는 그다지 심각해 보이지는 않는다. 그러나 중국의 재정통계는 신빙성이 부족하다. 여기에 지방정부의 부채는 중앙정부보다 훨씬 더 심각하다. 지방정부는 개발을 명분으로 엄청난 규모의 자금을 그림자금융을 통해 가져다 사용했다. 이들은 장부외 부채로 그 규모마저 제대로 파악되지 않고 있는 상황이다. 실제로 중국의 기업·가계·정부를 포괄한 총부채는 GDP의 3배에 이르는 것으로 나타났다. 심지어 중국의 총부채가 전 세계 GDP의 15%에 달해 세계경제의 뇌관으로 자리 잡고 있다는 분석도 나오고 있다. 더욱이 앞으로의 재정상황은 경기둔화로 한층 더 어려워질 것으로 예상되고 있다.

　중국은 경제성장이 둔화되자 이에 맞서기 위해 민간부문 대출을 촉진하는 한편, 정부재정에서도 사회기반시설 프로젝트 투자에 지원을 강화해 나가고 있다. 이는 결국 높은 부채비율로 이어질 수밖에 없을 것이다. 부채증가는 단기적으로는 경기를 활성화할 수 있겠지만, 중기적으로는 민간소비와 투자를 둔화시키면서 성장세를 지상시킨다. 이는 재정수입 축소와 재정악화로 이어지게 되는 것이다.

한국 역시 갈수록 재정상황이 악화되고 있다. GDP 대비 국가 부채 규모가 40% 수준으로 아직까지는 국제수준에 비해 상대적으로 안정적인 모습을 나타내고 있다. 그러나 실상을 더 깊이 들여다보면 결코 안심할 수가 없다. 국민연금, 공무원연금, 군인연금, 사학연금 등 정부재정과 직간접적으로 연관된 4대 공적연금을 비롯해 기초연금, 건강보험 등 인구 고령화와 관련된 지출이 세계에서 유례를 찾을 수 없을 정도로 빠른 속도로 증가하고 있기 때문이다. 여기에다 남북통일 같은 불확실성이 더해지면 국가채무는 감당하기 힘든 수준까지 치솟게 될 가능성이 커진다.

한편, 앞으로의 세계 재정파탄은 무엇보다도 연금파탄에서 비롯될 것으로 예상된다. 이는 연금이 부족하거나 파탄날 경우 종국적으로는 재정에서 감당할 수밖에 없는 현실적인 상황과 함께, 연금복지를 중시하는 현대 국가들의 복지사회 구현이라는 정책방향에서 비롯된다. 아직도 진행 중인 PIGS 국가를 위시한 유럽의 재정위기가 과다한 연금복지 지출에서 비롯되었다는 사실은 이를 잘 입증해주고 있다. 그런데 이러한 우려는 비단 유럽뿐만 아니라 거의 대다수 국가들에게 지워진 과제이다.

일본 금융청이 2019년 6월 발표한 '고령사회의 자산 형성과 관리에 관한 보고서'는 커다란 파문을 일으켰다. 보고서의 주된 내용은 60대 부부가 30년 정도 더 살려면 연금 외에 2천만 엔(2억 1,500만원) 정도가 필요하다는 것으로 일종의 '100세 시대에 대비한 금융 조언'이었다. 그럼에도 커다란 반향을 일으킨 것은 65살 이상 고령 인구가 28%인 '초고령 사회' 일본에서는 연금문제가 그 무엇보다 민감한 사안이기 때문이다. 보고서는 연금에 대한 불신이 있던 상황에서 정부 스스로가 제도 미비를 인정한 것처럼 비쳐졌던 것이다. 중국 또한 연금파탄을 걱정하는 분위기다. 중국 사회과학원은 2020년 연금 부족액이 8,900억 위안(약 150조원)까지 늘어날 것으로 전망하고 있다.

이처럼 대부분 국가들의 연금은 기존의 연금제도 틀 속에서도 조만간 고갈될 우려를 안고 있다. 그런데 현행 연금제도는 기본적으로 인간의 수명이 100세가 되지 않는다는 전제 아래 만들어진 것이다. 그러나 100세 인생시대가 보편화되고 있으며, 더욱이 구글이 추진 중인 '인간 500세 프로젝트'가 실현된다면 더 이상 연금과 연금제도는 의미가 없어질 것이다. 여기에 재정수입마저 대량 실업난과 소득 불균형심화 등에 따라 크게 줄어들 가능성이 크다. 이렇게 볼 때 연금파탄과 재정파탄의 현상은 발생할 수밖에 없는 불가항력적인 현상이라 할 것이다.

통화 및 환율전쟁으로 인한 금융 시스템 와해

지금 국제사회에서는 소리 없이 그러나 치열하게 통화전쟁이 치러지고 있다. 그 형태 또한 매우 다양하다. 우선, 가장 강력하면서도 자주 활용되고 있는 형태는 환율인상 정책이다. 환율이란 두 나라 사이 통화의 교환비율을 의미하며, 외국통화라는 상품에 붙여진 일종의 가격이다. 따라서 시장에서 수요와 공급에 의해 상품의 가격이 결정되는 것처럼 환율도 외환시장에서 외화의 수요와 공급에 의해 결정된다.

이 환율변동은 다양한 경로를 통해 수출입, 물가 등 경제전반에 커다란 영향을 끼친다. 이에 따라 각국은 자국의 산업경쟁력 확보를 위해 환율을 조정하는 경우가 많다. 이러한 시도가 심각한 상황에 이르면 환율전쟁으로 돌입하게 된다. 일반적으로 세계 대부분의 국가들은 수출경쟁력을 확보하기 위해 자국 통화의 가치를 떨어뜨리는 정책을 펼치는 경향이 있다. 자국의 통화가치 절하는 자국의 수출경쟁력을 키우지만 반대로 경쟁국에는 직접적인 타격을 가하게 된다. 이는 한마디로 자국의 이익을 위해 주변국의 경제를 희생키는 '근린궁핍화정책(近隣窮乏化政策, Beggar-Thy-Neighbor Policy)'에 불과한 것이다.

이러한 환율전쟁의 원조는 1985년에 이루어진 '플라자 합의(Plaza Accord)'이다. 당시 세계 최대의 무역수지 흑자국이던 일본은 미국의 압력에 굴복하여 엔화가치를 대폭 절상시켰다. 이후 일본 기업들은 수출애로를 겪게 되고, 결국은 '잃어버린 20년'이란 늪에 빠지는 결정적 계기가 되었다. 이러한 국제사회에서의 환율전쟁은 지금도 진행 중에 있다.

2019년 8월, 미국은 중국을 환율조작국으로 지정하였다. 미 중간의 무역분쟁이 심화되는 가운데 중국은 자국 통화인 위안화의 가치 하락을 수수방관하였다. 오히려 중국은 자국수출 경쟁력 강화차원에서 추가적인 위안화 절하도 용인하려는 태세를 취하였다. 이에 미국은 중국이 관세인상의 부담을 희석시키려 의도아래 고의적으로 위안화가치를 떨어뜨린다고 판단하여 일정한 숙려 기간도 거치지 않고 즉각적으로 환율조작국으로 지정하였다.

다음으로는 시중에 대량의 통화를 살포하는 이른바 양적완화 정책이 동원되고 있다. 대량의 통화를 시중에 살포할 경우 자국통화의 가치가 떨어지게 되어 수출경쟁력을 키울 수 있게 된다. 이 양적완화 시책을 처음 시행한 나라는 미국이다. 미국은 2008년 금융위기를 타개하기 위한 방안으로 이를 취하게 된다. '양적완화

(QE, quantitative easing)' 시책이란 중앙은행이 장기국채를 인수하는 방식으로 시중에 자금을 풀어 경기활성화를 기하고자 하는 프로그램을 뜻한다.

통상 중앙은행이 신용경색에 대응하는 방법은 기준금리를 낮추는 것이다. 그런데 당시 미국의 기준금리는 0~0.25%로 거의 제로금리 수준이었기에 기준금리를 추가로 인하하기란 현실적으로 어려웠다. 이에 양적완화 시책을 취하게 된 것이다. 그런데 미국이 취한 이 양적완화 조치는 세계 통화전쟁의 시발점이 되었다. 그 이후 유럽과 일본, 중국 등 경제대국들뿐만 아니라 한국을 비롯한 신흥국들도 이 대열에 가세하게 되었다.

이에 따라 세계경제는 앞으로 자칫하면 커다란 혼돈 속에 빠질 가능성이 크다. 우선 인플레에 대한 우려이다. 지금 당장은 세계경제의 부진으로 인플레 현상이 현실화되고 있지는 않다. 그러나 앞으로 경기가 살아날 경우 전 세계는 또다시 자산버블 붕괴와 같은 가공할 경제위기에 휘말릴지 모를 일이다.

특히, 신흥국의 실물경제가 받게 될 타격은 한층 더 커지게 되었다. 이는 그렇지 않아도 자본과 기술경쟁력 면에서 어려움을 겪고 있던 신흥국들이 이제는 양적완화로 인해 가격경쟁력까지 갖추게 된 선진국들과 무역경쟁을 치러야 하게 되었기 때문이다. 양적완화 조치가 주로 선진국들에 의해 이루어졌기 때문에, 국가들 간의 빈익빈 부익부의 문제가 더욱 증폭될 우려가 있다는 점도 앞으로 국제사회가 풀어나가야 할 숙제로 남아 있다.

다음은 새로운 금융위기를 촉발할 가능성이 커지고 있다는 점이다. 양적완화로 유동성이 늘어나고 또 금리까지 제로금리 수준으로까지 낮아짐에 따라 가계와 기업, 정부 할 것 없이 모든 경제주체들은 빚을 더 늘리려는 유혹이 커지게 되었다. 이에 지금 세계의 빚 규모는 GDP의 320%에 달하고 있다.

이와 같은 엄청난 빚 덩어리로 인해 세계, 특히 신흥시장은 시장상황이 급변하면 그대로 위험에 빠질 것이다. 그렇게 되면 신용도가 낮은 나라들의 미상환 채무 재조정이 더 어려워질 것이고, 결국 이들은 금융위기에 처하게 될 것이다. 여기에 늘어난 유동성을 활용해 국제투기꾼들이 신흥국을 위시한 자본취약국들을 공격할 경우 세계 금융위기의 가능성은 더욱 커지게 된다.

또 다른 통화전쟁의 행태는 상대국에게 보다 직접적인 보복을 가하는 정책수단의 동원이다. 중국은 3.2조 달러에 달하는 외환보유고 중 약 36%인 1.2조 달러를 미국 국채에 투자하고 있다. 이에 비슷한 규모의 미국 국채를 보유하고 있는 일본과 함께 미국의 최대 채권국중 하나이다. 중국이 이와 같이 미국 국채를 과다 보유함에 따라 양국 간의 미묘한 신경전이 발생하고 있다.

더욱이 중국은 보유국채의 무기화 전략을 추진해 나가고 있다. 이는 중국이 미국 국재를 시장에 대량 매각하거나 혹은 통상 외교 현안에 협상카드로 활용하는 것을 뜻한다. 이런 국채 무기화 조짐은 경제적인 면에서뿐만 아니라 정치적인 면에서도 나타나고 있다. 지난 2010년, 미국은 당시 대만에 64억 달러 규모의 첨단무기를 팔기로 결정했다. 이에 중국 군부는 보복 차원에서 중국이 보유 중인 미국 국채 일부를 매도해야 한다고 주장했다. 2019년 중미 간 무역전쟁이 한창 진행 중인 상황에서도 중국은 보유 미국 국채를 상당량 매각하였다.

미국 국채보유를 둘러 싼 미국과 중국의 동시파국 가상 시나리오는 다음과 같다. 먼저 중국의 공격적인 미국 국채 대규모 매각 전략이다. 만약 중국이 보유한 미국 국채를 대량으로 시장에 매각할 경우 미국 국채 가격은 폭락하고 금리는 급등하게 된다. 이 경우 일본을 비롯해 다른 미국 국채 보유국가들 역시 동참할 수밖에 없게 될 것이다. 그 결과 미국경제는 큰 혼란에 빠지게 될 것이다.

다음은 미국의 중국에 대한 압박 카드인데, 미국이 달러화 가치를 폭락시키는 전략이다. 미국 국채의 가치하락은 결국 중국의 자산가치 상실을 의미하는 것이므로 이는 중국에게는 크나큰 압박이 될 수 있다. 나아가 어느 날 미국이 금으로 태환되는 화폐를 하나 더 만들어 낸다면 기존의 달러는 휴지조각이 되고 만다. 이 경우 중국은 그동안 벌어 놓은 돈을 몽땅 다 날리게 되는 것이다.

한편, 이러한 통화전쟁 속에서 글로벌 금융위기 현상은 한층 더 빈번히 일어나고 있다. 더욱이 그 규모와 세계경제에 미치는 악 영향력은 갈수록 커지고 있다. 그러면 이처럼 세계적인 금융위기가 빈번하게 일어나게 된 근본적인 이유는 어디에 있는 것일까?

우선, 자본시장의 자유화가 지나치게 빠른 속도로 이루어졌고 아울러 이에 대한 적절한 안전장치의 부족 문제를 꼽을 수 있다. 세계화와 자본자유화의 급속한 확산은 헤지펀드(Hedge fund)나 사모펀드(Private equity fund) 등 투기자본들이 단기차익의 극대화를 노리고 국제금융 시장을 별다른 통제를 받지 않고도 자유로이 넘나들 수 있게 만들었다. 이는 결국 국제자본의 변동성을 높여 1990년대 후반 아시아 지역에서 발생한 외환위기가 세계적 위기로 확산되기도 하였다.

이와 함께 금융공학의 발전도 금융위기를 초래하는 데 일조를 하고 있다. 하루가 멀다 하고 이상한 이름의 금융상품들이 쏟아져 나오고 있으며, 이들 금융상품을 관리하는 기법 또한 첨단을 걷고 있다. 특히 파생상품들은 레버리지효과를 통해 거래되므로 투기성이 강하고 고위험을 수반한다. 1995년 영국의 베아링사가 파생상품 투자 실패로 파산된 뒤 ING사에 1달러에 인수된 사례에서 볼 수 있듯이, 단 한 번의 투자실패가 회사를 망하게 할 수 있을 정도이다.

이런 특성으로 인해 파생상품 거래는 잇단 금융위기의 주범으로 지목되고 있다. 더욱이 일부 악명 높은 헤지펀드들은 이 파생상품 거래를 주 무기로 금융 취약국들을 공격하고 다니면시 국제금융 질서를 어지럽히고 있다.

금융기관에 대한 규제와 감독부실도 금융위기 요인의 하나로 꼽힌다. 금융기관은 속성상 고수익을 추구하며 또 그에 따른 위험을 전가시키는 경향이 있다. 예를 하나 들어보자. 일부 금융기관들이 향후 상장(IPO, Initial Public Offering)을 통해 커다란 자본이득을 기대하는 비상장기업들에게 높은 금리를 받고 대출을 허용한다. 그런데 그 대출금액은 상장 후 폭발적인 기업가치 상승 시에만 상환 가능한 규모이다. 만약 기대하는 주가상승이 일어나지 않을 경우 해당 대출들은 부실채권이 된다.

금융기관들은 이 대출자금을 쪼개고 채권화해 세계 금융시장에 되팔면서 대출을 청산한다. 신용평가기관들도 위험천만한 대출에 아무 문제가 없는 것처럼 포장함으로써 이런 폭탄 돌리기 금융관행에 가세하고 있다. 지금 실제로 이루어지고 있는 이 금융관행은 과거 2008년 미국의 서브프라임 모기지(Subprime Mortgage) 사태의 판박이라 하겠다.

실물경제의 뒷받침이 없는 금융만의 성장도 위기를 키우는 데 한몫을 한다. 금융시장이 아무리 활성화되어도 실물시장에서 그것을 받쳐주지 못한다면 이는 거품에 지나지 않는다. 즉 실물경제의 성장 없는 금융부문만의 확장은 언제 터질지 모르는 폭탄이라는 것이다. 암호화폐의 등장도 금융위기를 초래할 가능성을 증폭시키고 있다. 새로운 글로벌 화폐인 암호화폐는 기존의 금융체제를 송두리째 부정하며 탄생하였다. 은행이 더 이상 필요치 않으며 중앙은행의 발권력도 인정하지 않는다. 이제 스마트폰만 있으면 은행을 통하지 않고도 송금과 결제가 가능해진다. 이로 인해 기존은행 시스템이 붕괴될 것이다.

　그런데 무엇보다 우리가 걱정해야 할 사실은 금융위기의 본질과 근원은 남이야 어찌되던 자신만의 이익을 극대화하겠다는 이기심과 탐욕에서 비롯되고 있다는 점이다. 이를 국가차원으로 확장하면 국가이기주의가 똬리를 틀고 있다는 것이다. 이런 관점에서 만약 다음번 금융위기가 발생한다면 세계는 경제전쟁에 국한하지 않고 무력전쟁까지도 불사할 가능성이 없지 않을 것으로 예견된다.

보복관세와 무역전쟁의 확산

무역분쟁은 양국 간의 무역상의 제재를 통해 분쟁을 일으키는 것을 뜻한다. 분쟁에 동원되는 수단은 다양하지만 주로 보복관세 즉 관세인상을 통해 이뤄지고 있다. 보복관세란 외국이 자국 수출품에 대해 부당한 차별 관세나 차별대우를 취할 경우, 또는 자국 산업에 대해 불이익이 되는 조치를 취했을 경우 이에 대처하는 수단으로서 상대국으로부터 수입하는 상품에 대해 보복적으로 고율의 관세를 부과하는 행위를 말한다.

그동안 보복관세는 관세전쟁이 일어날 위험성 때문에 상대방을 위협하는 용도에 그치는 게 보통이었다. 혹 채택하더라도 발동되는 일은 드물었으나, 2000년대 이후 실제 부과하는 사례가 늘어나고 있다. 보복관세는 매우 강력한 조치인 동시에 무역이슈가 아닌 정치, 외교 이슈로 넘어가고 국제분쟁을 일으킬 소지가 크다. 2018년부터 벌어지고 있는 미국과 중국 간의 무역전쟁이 가장 대표적인 예이다.

미국 트럼프 행정부 출범 1년이 경과하면서부터 미중 간의 무역갈등이 고조되었다. 2018년 3월, 미국의 보호무역 기조가 대폭 강화된 가운데 트럼프 대통령은 500억 달러 규모의 중국산 제품에 25%의 관세를 부과하는 행정명령에 서명하였다. 그리고 중국이 지적재산권 침해 및 인허가 부당행위를 하고 있다며 이를 WTO에 제소하는 한편, 중국의 대미 투자제한 및 관리·감독규정도 신설하였다. 이와 별도로 '국제긴급경제권한법(International Emergency Economic Powers Act, IEEPA)'을 발동해 5세대(5G) 이동통신 등 첨단분야에서 중국기업의 미국투자를 차단하는 방안도 추진되었다.

관세부과 대상도 점차 확대하여 나갔다. 이에 따라 2019년 기준으로 총 2,500억 달러 규모에 해당하는 중국 제품에 25%의 높은 관세가 부과되고 있다. 중국으로부터의 수입액 절반에 해당하는 이들 제품에 대하여는 관세율을 또다시 추가로 더 높이겠다는 계획도 발표하였다. 아울러 나머지 3천억 달러 규모의 품목에 대해서도 15%의 관세를 단계적으로 부과하기로 했다.

이와 같은 미국의 무역재제 조치가 취해지자 중국정부 또한 곧바로 미국산 제품에 대한 보복관세 부과계획 등 대응방안을 발표하였다. 또 인민일보 등 관영신문들은 미국의 조치를 크게 비판하였고, 주미 대사는 미중 무역분쟁에 대비해 중국이 보유하고 있는 미국 국채의 매도 가능성까지 언급하였다. 연이어 주요 원자재인 희토류 수출규제 카드도 활용하겠다고 선언하였다.

미중 양국의 갈등은 2019년 6월의 G20 정상회의에서 미중 정상이 휴전하기로 합의하면서 잠복상태에 들어갈 것으로 예상되었다. 그러나 8월 들어 중국 위안화 가치가 급락하자 미국은 곧바로 중국을 환율조작국으로 지정하면서 미중 무역전쟁은 환율과 통화전쟁으로 확전되는 양상을 보여왔다. 그나마 다행인 것은 확전일로로 치닫던 양국간 무역전쟁이 2019년 12월부터는 부분적인 휴전 상태에 이르렀다는 점이다. 그러나 분쟁의 완전타결 가능성은 기대하기 어려우며 언제라도 재연될 개연성이 더 큰 실정이다.

미중 무역전쟁이 발생하게 된 배경에는 G2간 경제 주도권 경쟁뿐만 아니라 향후 세계 패권다툼의 성격도 가세되어 있다. 미국은 대중 무역수지 적자가 지속되고 있을 뿐더러 양국의 산업구조도 경쟁관계로 전환되면서 중국에 대한 견제의식이 팽배해지게 되었다. 즉 중국으로부터의 수입규모가 연 5천억 달러를 넘어서는 가운데 대중국 무역수지 적자 비중 또한 전체의 60% 이상을 차지하는 상황에 이르고 있었다. 아울러 외국기업의 접근을 제한하고 있는 중국과의 시장개방 협상에서 유리한 입지를 차지하려는 의도가 내재되어 있다. 이와 함께 미국 정부는 국가안보 전략에서 중국을 전략적 경쟁자로 규정하는 등 미국의 국제사회에서의 경제 · 정치적 영향력 강화라는 구상도 깔려있다.

그러나 미중 무역전쟁은 양국 모두에 커다란 어려움을 초래할 것이 자명하다. 중국이 입게 되는 피해가 상대적으로 크다. 이는 기본적으로 중국은 미국으로부터의 총수입 규모가 750억 달러 수준에 불과하여 관세 상의 보복조치가 제한적일 수밖에 없기 때문이다. 이에 가능한 모든 수단을 동원하고 있으나 역부족을 보이는 게 현실이다. 미국 또한 산업 전반의 원가상승 및 실업증가 등 부정적 영향이 나타나고, 미국기업의 중국시장 진출이 제한을 받고 있는 게 현실이다. 나아가 양국의 경제규모가 세계 GDP의 약 40%를 차지하고 있는 만큼 세계경제에도 악영향을 끼치고 있다.

미래의 먹거리인 AI반도체와 5G 이동통신을 두고서도 미국과 중국 두 강대국 간의 경제전쟁이 치열하게 벌어지고 있다. 세계 유수의 통신장비업체인 중국의 ZTE와 화웨이에 대한 거래제한 조치가 국가안보를 빌미로 연이어 취해졌다. 특히 화웨이에 대해서는 호주 · 뉴질랜드 · 영국 · 이스라엘 · 일본 등 주요 동맹국에 대해서도 보이콧 하도록 강력히 요청한 상태이다.

미국이 이처럼 5G 기술 지키기에 필사적인 것은 향후 글로벌 기술패권 경쟁에서 우위를 계속 유지하려는 국가전략과 맞닿아 있기 때문이다. 5G는 4차 산업혁명의 필수 기반기술이란 점에서 첨단산업의 심장으로 불린다. 또 시진핑 중국 국가주석 집권 2기의 역점 전략인 '중국제조 2025'의 핵심 산업이기도 하다. 이에 미국 정부는 5G 기술 확보를 향한 중국의 질주가 자국의 국익에 대한 심각한 위협으로 간주하고 있는 것이다.

그동안 자유무역의 수호자이던 미국은 트럼프 대통령 취임 이후 보호무역을 강화해 나가고 있다. 즉 중국 제품에 25%의 높은 관세를 부과한 것을 필두로 유럽과 일본, 멕시코 등 전방위로 그 전선을 넓히고 있다. 2018년 9월, 미국은 일본과의 무역협상이 타결되지 않으면 일본한테도 보복관세를 부과할 것이라며 무역분쟁을 예고했다. 또 유럽 연합(EU)에도 자동차를 위시해 40억 달러에 달하는 상품에 추가 관세를 부과하는 방안을 검토하고 있다고 밝혔다. 이런 와중에 프랑스 등 일부 유럽 국가들은 미국의 대형 IT기업에 과세하는 '디지털서비스 과세법안'을 통과시켰다.

한편, 무역분쟁의 유형은 보복관세 조치 외에도 매우 다양하다. 우선, 주요 자원과 상품의 수출규제 조치이다. 이는 매우 중요한 자원이나 소재부품의 공급을 제한함으로서 상대국 경제활동에 치명적인 타격을 가하는 방식이다. 2018년 미국의 관세인상이 단행되자 중국은 보복조치의 하나로 주요 산업원자재인 희토류 수출금지 카드를 꺼내들었다. 이 방안은 이미 2010년 중국이 일본과의 센카쿠 열도 영토분쟁 시에도 활용되었다.

2019년 7월에 이루어진 일본의 한국에 대한 수출규제도 이러한 유형의 하나이다. 당시 일본은 안보상의 조치란 명분으로 한국에 핵심 반도체 소재의 수출을 금지하는 조치를 내렸다. 그 결과 한국의 반도체 산업은 적지 않은 타격을 입게 되었다.

2016년 내려진 중국의 사드 보복조치 또한 대표적인 예이다. 2016년 한국이 사드 1개 포대의 한반도 배치를 공식 발표하자 중국 정부는 이에 대해 강력하게 반발하며 다양한 경제보복 조치를 단행했다. 바로 한한령^(限韓令)이다. 이는 한국 연예인의 중국 방송 출연이나 드라마 방영을 금지시키는 등 한국의 문화 산업과 관련한 조치로 시작해 이후 화장품 등 한국산 상품의 통관 불허, 클래식 공연 취소, 중국인의 한국 단체관광 제한 등 경제 전반적인 조치로 번졌다

이처럼 미국이 불을 지핀 무역전쟁의 대열에 다른 나라들도 하나 둘 끼어들고 있는 상황이다. 이제 무역분쟁은 마치 하나의 유행병처럼 전 지구촌을 강타하고 있다. 그러나 무역전쟁의 확산이 초래할 결과는 불을 보듯 뻔하다. 세계경제는 멍들고 자칫 대공황에 직면할 수도 있다. IMF는 미국의 보호무역 정책은 세계경제를 0.5% 둔화시켜 총 4,500억 달러의 손실을 가져올 것이라고 경고했다. 이어서 IMF는 보호무역은 무역 감소와 함께 투자 감소, 공급 혼란, 생산력 증가 기술의 확산 감소, 소비재 가격 인상을 가져오고 있다고 분석했다. 더욱이 경제 측면에서 시작된 분쟁이 점차 도를 넘어 무력분쟁으로 비화될 우려마저도 없지 않다.

자유무역은 원래 국제 분업체제에 그 이론적 배경을 두고 있다. 즉 각국은 비교우위에 있는 제품생산에 특화하고, 이를 자유무역을 통해 상호 교환할 경우 모든 참여국들이 보다 높은 실질소득을 얻게 된다는 것이다. 실제로 자유무역을 통해 세계경제는 비약적인 발전을 거두어 왔다. 그러나 이제 자유무역 체제가 심

각한 도전을 받고 있으며 자칫 붕괴될 우려마저 없지 않다. 이 경우 세상은 각자도생(各自圖生)과 이전투구(泥田鬪狗), 만인 대 만인의 투쟁을 해나가야만 할 것이다. 우리 앞에 지옥문이 활짝 열린 상황이라 하겠다.

5장
종교와 도덕적 타락으로
인한 말세

- 갈등의 인류 역사, 문명충돌과 신 십자군 전쟁
- 끊임없는 종교적 갈등과 사이비 종교의 창궐
- 하나의 세계 통합, 프리메이슨과 일루미나티에 의한 세계 지배
- 종말에 둔감한 사람들, 윤리도덕의 타락과 모럴해저드 심화
- 소통과 배려의식이 실종된 냉담한 사회
- 거짓과 불신이 판치고 서로를 믿지 못하는 세상

인 류 의   종 말 은   어 떻 게   오 는 가 ?

갈등의 인류 역사, 문명충돌과 신 십자군 전쟁

인류사회에서 오로지 자신들만의 문화를 고수하며 유지해온 경우란 거의 없었다. 역사 속에서 인간 집단은 끊임없이 이동하며 이질적 집단과 접촉하고 충돌·갈등·융화해 왔다. 이러한 과정을 통해 문화변동이 이루어지고 다양한 혼종의 문화(hybrid culture)가 탄생하여 왔다. 그런데 이 문화변동은 한순간에 급속도로 일어나는 것이 아니라 장기적이고 지속적으로 이루어진다. 또 문화변동 과정에서는 기존 문화와 새롭게 출현한 문화 간에 충돌과 갈등이 발생하게 마련이다. 그리고 통상 문화의 판세는 힘의 판세를 반영한다. 인류 역사를 보면, 한 집단의 힘이 팽창하면 문화 또한 동시에 융성하였고, 그 집단은 막강한 힘으로 자신의 문화 즉 가치관, 관습, 제도를 전파시켰다.

미국 정치학자 새뮤얼 헌팅턴의 문명충돌 이론 또한 이러한 내용을 담고 있다. 〈문명의 충돌(The Clash of Civilizations and the Remaking of

World Order)〉의 저자인 그는 공산주의 몰락 이후 이데올로기의 충돌은 끝날 수 있게 되었지만, 문명충돌의 역사는 끝나지 않았다고 주장했다. 오히려 세계는 7~8개의 문화권으로 다원화될 것이라고 했다. 그리고 향후 국가 사이에 무력충돌이 발생할 경우, 이는 이념의 차이가 아닌 문화와 종교적인 차이의 갈등에서 비롯된다고 주장하였다. 특히 이슬람 문화권과 기독교 문화권의 갈등이 주요 원인이라고 보았다.

또 강대국의 경쟁은 문명의 충돌로 바뀌며, 탈냉전 세계에서의 문화는 분열과 통합으로 위력을 발휘한다고 했다. 나아가 세계 전역에서 불고 있는 종교부흥의 바람은 이런 문화적 차이를 더욱 조장하고 있으며, 문명들 사이에서 나타나는 정치경제적 발전의 중요한 차이는 상이한 문화에 뿌리를 두고 있다고 주장했다.

새로운 세계에서 상이한 문명에 속하는 국가들과 집단들의 관계는 우호적이지 않고 대체로 적대적인 경향을 띨 것이다. 그 중에서도 특히 갈등이 첨예하게 드러날 것으로 예상되는 분야는 단연 종교 간의 갈등이다. 종교는 대표적인 문화의 산물로 민족의 뿌리이자 그들의 정체성이 되고 있다. 다른 문화 분야와 달리 서로 융합되기가 어렵다. 따라서 인류의 역사는 종교 간의 갈등과 전쟁의 역사라 할 수 있을 것이다.

현재 진행 중인 카슈미르 분쟁도 종교 갈등에서 비롯되었다. 한반도와 비슷한 면적을 가진 카슈미르는 힌두교를 믿는 인도와 무슬림 국가인 파키스탄의 중간에 위치하는 전략적 요충지이다.

인도와 파키스탄은 1947년 영국에서 각각 독립할 때부터 카슈미르 영유권을 두고 다퉜다. 두 차례 전쟁까지 치른 끝에 인도는 카슈미르의 남동부, 파키스탄은 북서부를 차지했다. 하지만 인도가 차지한 남동부 카슈미르에서는 무슬림 비율이 70%를 넘어 독립 혹은 파키스탄으로의 편입을 요구하는 테러가 끊이지 않았다. 최근 인도가 남동부 카슈미르의 자치권을 박탈하고 직접통치를 선언하자, 이에 반발한 파키스탄은 인도와의 외교관계를 격하하고 교역을 중단하는 등 사실상의 전쟁상태로 돌입하였다.

이보다 더 심각한 종교 갈등은 기독교와 이슬람교 간의 갈등으로, 무려 2천년 동안 지속되고 있다. 기독교와 이슬람교 간 충돌이 정점을 이룬 것은 1096년부터 1272년까지 근 200년에 걸쳐 지속된 십자군전쟁이었다. 당시는 이슬람세력의 승리로 일단락되었다. 그런데 1948년, 이스라엘이 팔레스타인 지역에 나라를 세우면서 십자군전쟁이 또다시 재현되고 있다.

이 신(新) 십자군전쟁은 과거의 십자군전쟁과 형태면에서는 약간 달라졌지만 종교 갈등이라는 본질은 동일하다. 특히 이 신 십자군전쟁의 기독교 세력에 세계 최강국인 미국이 가세하자 이슬람세력은 자연히 전력이 달리게 되었다. 그래서 그들은 성스러운 전쟁 즉 '지하드(jihad)'를 외치며 게릴라전과 테러행위도 불사하며 기독교세력의 확장에 맞서고 있다. 2001년 발생한 미국의 9·11테러도 따져보면 결국은 이들 간의 상호갈등에서 빚어진 참사이다.

이슬람과 기독교 상호간의 충돌은 두 종교의 본질과 이들 종교에 바탕을 둔 문명의 차이에서 나온다. 무엇보다 이슬람교의 가치관과 기독교 가치관의 대립에서 빚어지고 있다. 이슬람은 종교와 정치를 통합하고 초월하는 삶의 방식을 고수하는 데 반해 기독교는 세속의 영역과 종교의 영역을 엄격히 구분하고 있다.

그러나 두 종교의 충돌은 유사성에서도 기인한다. 이슬람교와 그리스도교는 모두 일신교이다. 일신교는 다신교와는 달리 자기 외부의 신성을 좀처럼 수용하려 들지 않으며 세계를 우리와 그들이라는 이원적 구도로 파악한다. 이슬람과 기독교 모두 하나의 유일한 신앙을 모든 인간이 추종해야 한다고 주장하면서 보편주의를 내건다. 이교도를 참다운 유일 신앙으로 개종시켜야 할 의무가 신앙인에게 있다고 보는 점에서 두 종교 모두 포교에 커다란 비중을 둔다.

원래 이슬람은 기독교와 유대교에 우호적이었다. 그러나 기독교와 유대교에서 이슬람이 사이비라는 태도로 일관하자 적대하기 시작했다. 이들 상호간의 본격적인 대결구도는 AD 756년, 이슬람세력인 후기 옴미아드 왕조가 기독교 국가이던 이베리아 반도의 에스파냐를 침공하면서부터 시작되었다.

그러나 양 세력 충돌의 클라이맥스는 십자군전쟁이었다. 처음에는 성지회복이란 명분을 내세웠던 십자군이 점차 이슬람지역에서 살상과 약탈을 일삼자 이슬람의 기독교에 대한 적개심은 극에 달하였다. 이후 이슬람은 오스만 터키를 중심으로 세를 규합하여 점차 기독교세력을 압도하여 나갔다. 결국 이슬람은 범(凡) 기독교세력인 비잔틴 제국, 즉 동로마제국을 1453년 멸망시킨다. 당시만 해도 이슬람세력이 기독교세력에 비해 전반적으로 힘의 우위에 있었다. 그러나 이후 오스만제국이 무너지고 기독교 국가들이 산업혁명을 성공시키면서 점차 힘의 균형은 기독교세력으로 옮겨져 갔다. 이러한 과정에서 양자 간의 자존심 대결이 심화되었다.

이후 20세기로 접어들어 이스라엘이 팔레스타인 지역에서 독립을 선언하면서부터 상호간의 반목과 갈등은 한층 더 증폭되었다. 더욱이 유대교에 뿌리를 둔 기독교 세력인 서방국가들이 이스라엘의 영토 확장을 옹호하자 이슬람세력은 이를 제2의 십자군전쟁으로 간주하고 있다. 이슬람세력은 성전을 외치며 기독교세력의 확장에 맞서고 있다. 이런 과정에서 일부 이슬람 과격파 세력들이 게릴라전에 더 역점을 두게 되었고, 알카에다와 IS 같은 무장 폭력조직으로 변신하여 세계평화를 위협하고 있다. 이러한 행태를 기독교 국가들은 테러리스트로 간주해서 혐오하고 있다.

더욱이 최근 들어 중동사태는 더욱 복잡해지고 있다. 우선 미국의 과도한 친 이스라엘 행보이다. 2019년 미국은 예루살렘을 이스라엘의 수도로 공식 인정하였다. 이로 인해 이슬람세력은 격앙되었다. 향후 중동지역에 어떤 사태가 벌어질지 세계는 우려하고 있다. 이에 따라 만약 세계 제3차 세계대전이 일어난다면 중동전쟁에서 비롯될 것이라는 의견이 지배적이다.

예루살렘(Jerusalem)은 이스라엘과 팔레스타인의 분쟁지역으로, 이스라엘이 점령하고 있지만 국제법상 어느 나라의 소유도 아닌 도시다. 1967년 6월 발생한 제 3차 중동전쟁 이후로 유대교· 기독교· 이슬람교가 저마다 성지(聖地)로 받들고 있다. 그러나 이스라엘은 예루살렘을 분할할 수 없는 자신들의 영구적인 수도라고 주장하면서, 예루살렘 시의 지위는 이스라엘과 주변 아랍국가들 사이에 분쟁의 씨앗이 되어 왔다. 더구나 팔레스타인은 이스라엘이 제3차 중동전쟁 이후 점령한 예루살렘을 미래의 자국 수도로 간주하고 있다.

그런데 트럼프 미국 대통령은 2017년 12월, 예루살렘을 이스라엘 수도로 인정한다는 이른바 '예루살렘 선언'을 발표하였다. 후속조치로 미국은 이스라엘 건국 70주년인 2018년, 주 이스라엘 미국대사관을 기존의 수도인 텔아비브에서 예루살렘으로 옮겼다. 이에 팔레스타인을 비롯한 아랍권이 국제법과 팔레스타인을 무시한 처사라며 강하게 반발한 것은 물론이다. 팔레스타인과 이스라엘의 충돌 과정에서 사상자 수가 계속 불어나고 있으며, 가자지구의 분리장벽 근처에서 '위대한 귀환 행진'이라는 반 이스라엘 시위가 이어지고 있다.

다음으로는 이슬람교 내부의 갈등 문제이다. 과거 '중동문제'라 하면 단순히 유대교와 이슬람교 간의 반목을 지칭하는 것이었다. 이들 두 종교 간의 갈등과 반목이 워낙 심각했기에 중동이 세계 제3차 대전을 야기하는 화약고가 될지도 모른다는 우려를 자아내고 있었다. 그런데 이제는 여기에 이슬람 내부의 종파인 시아파와 수니파 간의 갈등까지 덧붙여지면서 우려를 한층 더 증폭시키고 있다. 끝없는 살상과 혼돈상태가 이어지고 있는 시리아 전쟁 또한 이와 궤를 같이 하고 있다.

현대와 미래의 세계를 '완전한 혼돈'의 패러다임으로 설명하는 증거 사례들은 도처에 널려있다. 국제 법질서의 붕괴, 범죄의 세계적 증가, 국제 마피아와 마약 카르텔, 가족의 와해, 신뢰와 사회적 유대감의 약화, 인종적·종교적·문명적 폭력의 만연이 그 증거들이다. 그중에서도 종교와 문명의 충돌은 세계평화에 가장 큰 위협이 되고 있다. 이에 종교 상호간의 화해와 협력, 그리고 이에 바탕을 둔 국제질서의 확립만이 세계대전을 막는 가장 확실한 방어수단이 될 것이다.

1957년 노벨평화상 수상자인 피어슨(Lester B. Pearson)은 이렇게 경고하였다. "인간은 다양한 문명들이 평화로운 교류 속에서 나란히 공존하면서 서로를 배우고 서로의 역사, 이상, 예술, 문화를 공부하여 서로의 삶을 풍요롭게 만들어야 하는 시대로 나아가고 있다. 그 길을 택하지 않을 경우 이 인구과잉의 비좁은 세계는 오해, 갈등, 충돌, 파국으로 치달을 것이다."

끊임없는 종교적 갈등과 사이비 종교의 창궐

종교 갈등은 서로 다른 종교 간에서뿐만 아니라 뿌리가 같은 종교 내부에서도 일어나고 있다. 이제는 오히려 종교 내부에서의 갈등이 서로 다른 종교 간의 갈등과 충돌보다 더 심각한 상황을 빚고 있다. 대표적인 사례로 기독교 내의 구교와 신교 간의 반목과 갈등, 그리고 이슬람교내의 시아파와 수니파 간의 충돌을 들 수 있다.

신성함과 엄격한 교리를 지켜오던 기독교는 중세를 거치면서 점차 세속화되어 갔고 마침내 부패하기에 이른다. 그 정점은 면죄부 판매였다. '면죄부'란 교회가 죄를 면해 주는 대가로 금품을 받고 발행한 증명서로, 교회의 부패가 정도를 넘어선 것이었다. 1517년 마틴 루터는 95개조의 반박문을 공표하며 '면죄부'에 대해서 조목조목 비판했다. 이것은 종교개혁의 시발점이 되었다.

그러나 종교개혁은 순탄치 않았다. 기존 '가톨릭(Catholic)'인 구교와 종교개혁을 통해 새로 탄생한 '프로테스탄트(Protestant)' 신교는 오랜 기간 충돌했고, 혁명을 일으키거나 전쟁까지 치렀다. 대표적인 예가 프랑스의 위그노 교도와 가톨릭교도 간의 전쟁인 위그노 전쟁, 그리고 영국의 청교도들이 일으킨 청교도 혁명이다. 프랑스의 신교인 위그노 교도들은 독실한 가톨릭교도인 메디치 가문 출신의 왕비 카트린 드 메디치의 박해로부터 종교의 자유를 찾아 스위스, 네덜란드 등으로 피신했다. 당시 장 칼뱅은 엄격한 절제와 금욕, 근면과 성실을 교리로 내세우며 스위스에 칼비니즘 교회를 세웠다. 한편, 영국의 청교도들은 영국의 왕 제임스 1세의 박해를 피해 종교의 자유를 찾아 1620년 메이플라워호를 타고 신대륙 아메리카로 떠나 그곳에 정착했다.

신교와 구교의 갈등은 지금도 이어지고 있다. '아일랜드 공화국 군(IRA, Irish Republican Army)'의 항거가 대표적이다. IRA는 아일랜드 공화국에 기지를 둔 비공식적인 군사조직으로 아일랜드의 완전한 독립을 추구한다. 아일랜드 공화국은 1948년 영국으로부터 독립했으나, 북아일랜드는 아직도 영국 영토로 남아 있다. 이는 종교적 이유가 크다. 북아일랜드 주민은 신교도들이 다수를 이루고 있는 반면, 아일랜드 공화국 주민은 가톨릭교도가 대다수인 관계로 하나의 아일랜드로 통합되지 못한 채 분리되어 있다. 북아일랜드까지를 포함한 완전한 아일랜드 공화국의 성립을 원하는 IRA는 이후 북아일랜드 신교도들과 영국정부에 대해 조직적인 폭력을 행사하기 시작했고 지금도 이어지고 있다.

이슬람 내부의 수니파와 시아파 간의 갈등과 충돌은 좀 더 심각하다. 수니(Sunni)파는 이슬람교 창시자인 마호메트(무하마드) 사후에 신도들의 총의에 따라 선출된 종교지도자들인 정통 칼리프의 후손들임을 자처하는 집단으로 오늘날 세계 전체 무슬림 공동체의 절대다수를 차지하고 있다. 시아(Shiah)파는, 마호메트가 죽은후 마호메트의 사촌이자 사위인 알리가 이슬람의 진정한 지도자로 그 계승권을 가졌으므로 그 후손인 자신들에게 정통성이 있다고 주장한다. 시아파 교도들은 비록 수적으로는 열세지만 이란과 이라크 지역에 집중되어 있어 응집력 면에서는 수니파에 결코 뒤지지 않기 때문에 심각한 대립 양상이 빚어지고 있다.

지금 중동의 정치적 지형은 미국과의 친소관계, 그리고 수니파와 시아파로 나누어진 종파 관계로 설정되어 있다. 사우디아라비아와 아랍에미리트가 주축인 수니파는 미국 및 이스라엘과 가깝다. 반면 시아파가 다수인 이란 · 이라크 · 시리아 · 레바논은 미국의 반대쪽에 서 있다. 이들 상호 간의 처절한 반목과 충돌은 중동지역을 지옥으로 만들고 있다. 제3차 세계대전의 진앙지로 떠오를 것이라는 우려가 나오는 이유가 되고 있다. 지금 진행 중인 시리아 사태의 근원적인 요인 또한 여기서 비롯되었다고 할 것이다. 다만, 미국을 끈질기게 괴롭히는 과격 테러단체인 알카에다와 IS는 수니파이면서도 강경파이다.

한편, 기독교와 이슬람교, 불교 등 기존의 정통종교 이외의 신흥종교들이 지금도 계속 생겨나고 있다. 이러한 신종교의 발생원인은 크게 두 가지다. 하나는 사회의 급격한 해체 및 변동, 전통적 공동체의 권위 상실과 무기력 상태, 상대적 박탈감으로 인한 불안해소 등이 원인으로 지적된다. 다른 하나는 기존 종교의 물질주의와 대형화 추구, 중산층 중심의 포교활동으로 인한 하층민 소외, 권위주의적 성향에 대한 비판 등에서 비롯된다.

종교는 일반적으로 사회구조와 밀접한 연관성을 지닌다. 따라서 신종교의 발생은 사회의 변동에 대한 반응이면서 동시에 사회변동의 촉발제가 되기도 한다. 이는 신종교와 사회변동의 관계는 일방적이 아니라 상호적이라는 것이다. 신종교는 사회의 왜곡된 모습을 보다 생생하게 보여주는 경우도 있고, 사회를 새롭게 갱신시키는 참신한 희망을 제시해주기도 한다. 그러나 문제는 신종교 중에는 사이비와 이단이 많다는 점이다.

사이비종교란 종교로 위장하고 사기 및 범죄를 저지르는 집단을 말한다. 이에 비해 '이단(異端)'은 기존 종교와 교리에 대한 해석을 달리하는 집단을 말한다. 통상 이들을 합쳐 사이비 종교라고 한다. 설령 합법적인 테두리 안에서 활동한다고 하더라도 사회상규에 반하고 비윤리적이며 인간성을 말살하는 조직이나 집단이라면 사이비종교라 할 것이다. 이에 비해 사회적 기준에 합치하면서 평범하게 활동하는 다른 종교는 신흥종교라고 칭한다.

사이비종교는 전 세계적으로 퍼져 있으며 일반적으로 성범죄,

금품 갈취, 사기 등의 범죄를 저지른다. 또 교주를 신격화하고 사이비 종교의 가치관을 사회에서 건전하게 받아들여지는 가치관 및 개인의 가치관보다 위에 둘 것을 강요한다. 나아가 종교적 맹신을 이용해 강력 범죄를 교사하거나 재산을 탈취하는 행위, 성적으로 비윤리적인 행위를 강요하는 행위, 맹목적인 헌신을 강요하는 행위를 하거나 탈퇴가 자유롭지 못할 경우 등도 사이비종교라고 볼 수 있다.

사이비 종교의 대표적 사례로는 '인민사원(Peoples Temple of the Disciples of Christ)'이 있다. 이는 1978년 남아메리카의 가이아나 존스타운에서 일어난 집단자살로 널리 알려진 종교집단이다. 1953년 짐 존스 교주가 미국 인디애나 주의 인디애나폴리스에 세운 예배당이 그 시초였다. 하지만 1970년대부터 가이아나로 옮겨 집단 종교마을을 형성하였다. 이후 교회를 가까스로 탈출한 사람들에 의해 인민사원의 실상이 폭로되기 시작했다. 폭로된 내용은 존스 목사가 신도들에게 강제노역을 시키거나 재산을 빼앗고, 신도들을 폭행하거나 변태 성행위를 하는 등 비상식적이고 비윤리적인 행태를 보였다는 것이다. 또 그는 기적을 조작하고 목사 자신을 메시아라고 불렀다고 한다. 결국 집단자살이라는 끔찍한 결과로 이어지면서 총 914명의 신도가 죽었는데 그중 276명은 어린이였다.

과학기술 문명의 발전이 극에 달한 오늘날에도 사이비종교는 정치적인 불안, 사회적 혼란, 경제적인 파탄을 틈타서 생겨나고 있다. 이는 그만큼 기존 종교에 대한 불신이 크고 우리 경제사회가 어지럽다는 것을 반증하는 것이기도 하다.

하나의 세계 통합, 프리메이슨과 일루미나티에 의한 세계 지배

오래 전부터 항간에는 프리메이슨과 일루미나티에 의한 세계 지배론이 유포되어 오고 있다. 프리메이슨과 일루미나티의 존재를 주장하는 사람들에 따르면, 이 둘은 서로 밀접한 관계를 유지하면서 영향력을 행사해 오고 있으며 이미 세계의 정치경제 체제를 모두 자신들의 손아귀에 넣었다는 것이다. 또 이들은 기존의 종교이념과 국제사회 질서에 반하는 세계 지배전략을 구축함으로써 사회에 혼돈과 무질서를 초래하고 마침내 지구의 멸망을 가져 올 것이라는 것이다.

그리고 이들 멤버 중에는 세계적으로 유명한 거물급들이 대거 포진해 있다고 한다. 주요 멤버로는 조지 워싱턴 · 벤자민 프랭클린 · 프랭클린 루스벨트 · 트루먼 · 빌 클린턴 · 부시와 오바마 대통령에 이르기까지의 미국 대통령들, 영국의 윈스턴 처칠 수상과 엘리자베스 2세 여왕, 그리고 아인슈타인도 회원이라고 한다. 이 주장은 허황된 하나의 음모론에 불과하다고 치부할 수도 있겠지만, 종말론과 맥락을 같이 하면서 꽤 광범위한 사회계층에 확산되어 있는 상황이다. 또 이들의 이미지는 소설과 영화, 만화, 게임 등 각종 대중문화에서 활용되어 인기를 끌고 있기도 하다.

이들 양 집단이 이루고자 하는 궁극적인 목표는 대략 다음 몇 가지로 요약된다. 모든 개별국가의 파괴, 사유재산제도 폐지 및 개개인의 상속권 폐지, 애국주의 타파와 더불어 모든 종교의 파괴, 그리고 결혼 금지를 통한 가족제도의 폐지와 세계 단일정부 수립 등이 그 목표이다. 궁극적으로 하나의 정부에 하나의 종교를 위해서 나아가는 것이다.

그런데 기독교 교단에서는 이들 집단의 존재 여부, 그리고 이들의 주장내용이 한마디로 이단이라면서 문제를 제기하고 있다. 하나님께서 직접 다가올 그 어느 날에 세우실 천년왕국을 이들 집단이 지금 현존하는 이 세상에 세우려하고 있기 때문이다. 나아가 이들 집단이 악마숭배와 관련이 있다는 주장도 나오고 있다. 그중에는 이들이 유명 인사들과 연계하여 음악이나 영상 등 대중매체를 통해 사회를 타락시키려 한다는 설도 들어 있다.

'프리메이슨(Freemason)'은 원래 중세 석공과 성당건축업자 길드에서 그 기원을 찾을 수 있다. 성당건축업이 쇠퇴하자 석공들의 일부 집회소에서는 사회적 명사들을 회원으로 가입시켜 세력을 강화하기 시작했다. 17~18세기에 걸쳐 이 지부들 중 일부에서 고전적인 종교조직 의식과 복장을 채택하고 기사도적인 동료의식을 중시하는 근대적 프리메이슨단이 생겨났다. 다만, 프리메이슨단은 로마가톨릭교회와 여러 국가들로부터 심한 탄압을 받았기 때문에 거의 처음부터 비밀결사의 성격을 띠고 있었다.

프리메이슨은 창건되어 전성기를 맞은 산업화 초기 시대에는 진보적, 혁신적인 계몽주의 성향을 지니고 있었다. 그러나 제1~2차 세계대전을 거치면서 신학적 기반인 자유주의 신학이 세를 잃어가며 프리메이슨도 덩달아 세를 잃어갔다. 그러나 일루미나티 조직을 흡수하거나 혹은 역으로 이에 동화되면서 또다시 영향력을 떨칠 수 있게 되었다.

'일루미나티(Illuminati)'란 18세기 독일 바이에른 지역에서 설립된 비밀결사의 명칭이다. 어원을 보면 '빛나는, 찬란한, 비추는, 계몽하는'이라는 뜻의 라틴어 일루미나투스(illuminátus)의 복수형으로 '깨달은 자들'이란 뜻이다. 일루미나티는 창립 이후 빠른 속도로 성장했다. 초기에는 프리메이슨을 통해서도 회원 모집이 이루어졌다.

그러나 일루미나티도 프리메이슨의 경우처럼 세력이 커지면서 정부와 교회의 탄압을 받았다. 강력한 왕권을 중심으로 하는 절대왕정과 기독교 중심의 기존 체제를 전복하고 새로운 세상을 만들어야 한다고 주장했기 때문이다. 기존의 부패한 정부와 교회 대신 새로운 세력이 필요하다, 혹은 자유와 평등을 추구하는 새로운 체제를 만들어야 한다는 일루미나티의 주장은 기득권 세력에게 급진적이고 위험한 사상으로 받아들여졌다. 또 일루미나티

내부에서 회원들 간 불화가 일어난 것도 불안요소로 작용했다.

결국, 1785년 6월 바이에른 정부는 일루미나티를 해체하라는 명령을 내렸다. 일루미나티는 탄압을 피해 지하조직으로 활동을 이어갔으나 1790년 무렵에는 거의 자취를 감추었다. 공식적으로 해체된 이후로도 일루미나티가 암암리에 활동한다는 소문은 계속되었다. 그중에는 지하에서 활동하던 단원들이 기존 프리메이슨 조직과 결합하여 세를 확대해 나가고 있다는 소문, 오히려 프리메이슨의 핵심 상위조직이 되었다는 소문도 있었다.

한편, 일루미나티의 세계정부 구상이 담겨 있다고 알려진 '시온의정서'의 주요 내용은 다음과 같다. "소수의 일루미나티 지배층이 지배하는 영구적 세습적 과두체제로 세계 단일정부를 구축할 것이다. 중산층이 없으며 지배자와 피지배자로 구성될 뿐이다. 모든 법률은 세계 법정의 법 체제 아래서 균일해질 것이다. 법을 어기는 자들은 즉시 처형될 것이다. 결혼이 불법화되고 가족생활은 없어질 것이다. 아이들은 국가의 재산으로서 키워질 것이다. 세계 인구는 가족 당 어린이의 숫자의 제한, 질병과 전쟁, 기아로 제한되어 약 10억 명에 이를 것이다. 경제제도는 계획되고 통제된 시스템에 의해 움직일 것이다. 일에 대한 보수는 하나의 세계 정부를 통해 이미 지정된 균일한 등급 아래서 이루어질 것이다. 오직 하나의 종교만이 허용될 것이고, 그것은 하나의 세계 정부 교회의 형태 속에 있게 될 것이다. 기독교는 하나의 세계 정부 안에서 과거의 일이 될 것이다."

프리메이슨과 일루미나티의 세계 지배설은 당초 근본주의 기독교 계열에서 이를 비판하면서 세상에 알려졌지만, 이후 음모론 애호가들 사이에서 더욱 확산되어 갔다. 이들 음모론자의 주장들을 소개하면 다음과 같다. 프랑스 혁명이나 워털루 전투, 미국 대통령 존 F. 케네디의 암살 등의 사건에 일루미나티가 개입되었다. 로스차일드가 주축이 된 일루미나티는 프리메이슨과 결합하여 세력을 키운 뒤에 1차 세계대전, 대공황, 2차 세계대전을 차례로 고의적으로 일으켜 전 세계를 그들의 손아귀에 넣는 데 성공했다.

현재까지도 이들이 각국에서 활발히 활동하고 있다는 주장도 있다. 강력한 권력을 가진 엘리트 지하조직이 있으며 이들이 세계 경제와 정치를 좌지우지한다는 것이다. 즉 이들이 뉴욕을 중심으로 세계경제를 장악하고, 워싱턴에서는 CFR(Conference on Foreign Relations, 미국외교협회)을 통해 미국의 정치와 경제를 좌지우지하고 있다는 것이다.

또 일루미나티는 2023~2024년부터 본격적으로 모습을 드러내기 시작해서 2050~2100년까지 그들만이 지배층이 되고 인류는 노예로 전락하게 되는 디스토피아로 만들 것이라는 주장도 있다. 나아가 암호화폐의 등장을 일루미나티와 연관시키는 주장도 있다. 일루미나티는 세계 단일정부를 구성했을 때 세계 단일화폐가 필요하므로 비트코인을 만들었고, 그들은 비트코인이 기존 경제체제 붕괴에 큰 역할을 할 것으로 믿고 있다는 것이다.

종말에 둔감한 사람들, 윤리도덕의 타락과 모럴해저드 심화

최근 우리 주변에서는 '세상이 말세에 이르렀다!'라는 한탄이 이어지고 있다. 이는 도덕과 윤리의식이 크게 훼손되고 있을 뿐만 아니라 인륜을 거스르는 패륜행위마저 연이어 벌어지고 있기 때문이다. 친부모를 구타하고 심지어 살해하는 패륜아가 있으며, 어린 자식을 내다버리거나 해치는 비정한 부모가 늘어나고 있다. 여러 명의 자녀가 있지만 부모를 봉양하기 싫다며 서로 떠넘기거나 내다버리고, 그런 자식들을 보며 자책감에 스스로 목숨을 끊는 부모들도 있다. 이러한 패륜적인 범죄는 말세를 상징하는 가장 근원적인 범죄이다.

도덕과 윤리가 타락할 경우 가정이 무너져 내림은 물론이고, 조식과 사회 또한 필연적으로 붕괴되고 만다. 이 사실은 종교서와 역사를 통해서도 증명되고 있다. 구약성경에 의하면 '소돔과 고모라'는 인간의 사악함과 그에 대한 하느님의 진노를 보여 주는 강력한 상징이 되고 있다. 이 도시 사람들은 음행이 넘쳐 났고 자만심과 교만함이 들끓었으며 사치와 유흥에 빠져 있었다. 정의를 실천하라는 하느님의 요구를 못 들은 체했던 소돔과 고모라는 그 사악함 때문에 하느님이 내린 유황불로 심판받아 멸망했다. 하느님은 소돔과 고모라에 의인 50명만 있으면 멸하지 않겠다고 했다가 나중에는 의인의 수를 40명, 30명, 20명, 10명까지 줄였다. 그러나 결국 심판을 받게 된다. 그래서 소돔과 고모라는 이름 자체가 사악함이나 악행과 거의 비슷한 의미로 쓰이고 있는 것이다.

영국의 세계적인 역사가이자 문명비평가인 아놀드 토인비(Arnold Joseph Toynbee)에 의하면 그동안 지구상에 등장한 문명은 스물여섯 개나 된다고 한다. 그러나 그 문명들은 거의 대부분 몰락해서 폐물이 되어 용도 폐기되어 버렸다. 그런데 이러한 문명의 몰락은 외적인 힘에 의한 침략에 그 원인이 있는 것이 아니라 내적인 부패가 문명의 기반을 삼켜버려 일어난 것으로 진단하였다. 내부의 부패가 그들에게 닥쳐온 여러 가지 도전을 제대로 대응치 못하게 했다는 것이다.

이처럼 외부침략에 의해서가 아닌 내부의 타락으로 인해 멸망한 나라의 대표적인 사례가 바로 로마라고 토인비는 주장하였다. 실제로 로마뿐만 아니라 이집트나 바빌로니아, 사라센 문명도 그 몰락의 직접 원인은 내부의 타락에 있었다. 로마는 가장 막강한 국력과 화려한 문명의 대명사로 일컬어지고 있었다. "팍스 로마나, 모든 길은 로마로 통한다(Pax Romana, All Roads lead to Rome)"라는 말이 있을 정도였다. 그토록 너른 땅덩어리를 정복하고, 그만큼 많은 지역에 뚜렷한 흔적을 남긴 제국은 세계사를 통틀어도 없다. 그런 로마가 476년 속절없이 무너졌다. 이후 크고 작은 왕국과 민족이 난립하는 중세가 시작됐다.

로마제국의 붕괴는 과연 어디에서 비롯되었을까? 물론 가장 직접적인 요인은 불안정한 정치와 군대의 약화로 게르만족의 침입을 방어하지 못한 데 있었다. 그러나 보다 근원적인 요인은 내부에 있었다. 제국을 통치하던 상층부 관리들은 야만족이 쳐들어오는 긴급한 상황에서조차도 제위를 계승하기 위한 전쟁에 몰두하고 있었다. 또한 사치와 향락에 심취해 있었다. 평민들 또한 콜로세움으로 대표되는 놀이문화에 탐닉하고 있었다. 한마디로 제국 전체가 도덕적 타락에 빠져 있었던 것이다.

경제적 측면에서도 도덕과 윤리의 추락은 경제사회를 어지럽힌다. 얼마 전부터 경제계에서는 도덕적 해이라는 뜻을 지닌 '모럴 해저드'라는 용어가 자주 사용되고 있다. 이는 법과 제도의 허점을 악용한 사익추구, 자기책임을 소홀히 하는 태도, 집단이기주의 등의 현상을 뜻한다. 쉽게 말해 경제적 측면의 비윤리성을 의미한다.

원래 '모럴 해저드(moral hazard)'라는 용어는 미국 보험업계에서 나온 것으로, 정보를 가진 쪽이 정보를 가지지 못한 쪽의 이익에 반하는 행동을 하는 것을 말한다. 예를 들면, 불이 나더라도 보험회사가 보상해줄 것이기 때문에 화재보험 가입자가 화재 예방에 최선을 다하지 않는 경우가 바로 모럴 해저드인 것이다. 이 개념이 확장되어 사람들이 자신의 편익만을 좇아 행동함으로써 주변이나 사회에 장기적인 손실을 초래하는 것을 뜻하기도 한다.

예를 들어보자. 예금자의 경우 예금보호 제도에 의해 원리금 상환이 보장되므로 이율이 높으면 경영이 위태롭게 보이는 은행에도 돈을 맡기는데 이를 예금자의 모럴 해저드라 한다. 또 경영 불안에 빠진 은행은 높은 이자를 주고 자금을 모은 만큼 다시 위험성이 높은 대출상대에게 높은 금리로 융자해 주게 되는데 이를 금융기관의 모럴 해저드라고 한다. 이러한 악순환이 계속되면서 금융기관의 경영이 악화되어 간다. 이런 상황 속에서 우리는 이미 두 차례의 글로벌 금융위기를 겪었다.

우리사회에 대형 참사들이 잇따르고 있는 사유도 따지고 보면 도덕적 기반이 무너지면서 비롯된 것이다. 1986년 우크라이나의 체르노빌에서 원전폭발 사고가 발생하였다. 사고로 인해 수십 명의 생명을 앗아간 직접적 피해도 그렇지만 방사능으로 인해 인근 지역의 동식물 생태계가 심각하게 오염되었다. 사고가 터진 뒤 10년이 지나도 작물이 자라지 않을 정도였다. 그런데 세계원자력협회는 원자로 설계의 결함과 부적절한 관리 교육 및 안전장비 미비를 폭발 사고의 원인으로 진단하였다.

또 성수대교 붕괴, 대구 지하철 공사장 가스 폭발, 삼풍백화점 붕괴 등 과거 한국에서 일어난 대형 참사들도 결코 건축이나 토목 기술의 부족에서 일어난 사건이 아니었다. 부패가 관행적으로 이루어지고 있었던 사회윤리의 타락, 그리고 그 물결에 휩쓸린 개인 도덕의 허약성에 그 원인이 있는 것으로 밝혀졌다. 끊이지 않는 기업의 회계부정과 정경유착 행위 또한 흔들리는 도덕적 기초 위에서 일어난 사건들이다.

윤리와 도덕은 자기완성 및 인간관계를 규율하는 규범의 총체라고 볼 수 있다. 다시 말해 어떤 사회가 정상적으로 기능하고 존속되기 위하여 그 구성원들이 따라야 하는 규칙과 규범인 것이다. 따라서 윤리와 도덕이 타락하면 사회가 제대로 돌아가지 않고 균열현상이 일어나게 된다. 심지어는 조직과 사회가 붕괴하게 된다. 지금 우리가 살아가는 이 지구촌 사회가 윤리의식과 도덕성이 희박해지면서 점차 말세를 향해 나아가는 것이 아닌가 하는 의구심과 우려가 커지고 있다.

소통과 배려의식이 실종된 냉담한 사회

경쟁은 제한된 자원을 가진 환경에 공존하는 인간들 사이에서 자연스럽게 일어나며, 경제사회 발전의 원동력이 된다. 그러나 과도한 경쟁은 인간관계를 파괴하고 사회를 냉혹하고 살벌한 투쟁의 장소로 만들기도 한다. 경쟁의 본성은 결과 지향적인 것이기 때문에 욕망으로부터 벗어나기 어렵다. 그리고 상대의 실패와 패배를 전제로 이루어지는 승리감과 성취욕에 대한 집착이다. 그런데 다른 사람과 비교하면서 느끼는 성취나 쾌락은 다시 상대적인 위치에서 좌절감과 고통으로 변한다.

이처럼 과도한 경쟁은 몸과 마음의 건강을 해칠 뿐만 아니라 긴장과 갈등으로 가득 찬 사회를 만들게 된다. 그리고 갈등은 우리 사회의 통합과 소통을 가로막고 경제의 지속가능한 성장을 저해한다. 자칫하면 전체 사회시스템의 붕괴마저 부를 수 있다. 그런데 유감스럽게도 인간들 사이의 경쟁 심리는 날이 갈수록 강화되는 추세를 보이고 있다.

한편, 국제사회에서의 갈등과 경쟁심화는 전쟁으로 치닫게 된다. 세계화 시대에 접어들면서 자국의 경제적 이익을 실현하려는 국가 간 경쟁이 더욱 치열해졌으며, 무역분쟁이 국제사회의 중요한 쟁점이 되고 있다. 또한 자원확보 경쟁이나 인권침해 문제 때문에 국가 간 갈등이 빚어지기도 한다. 민족과 인종, 종교의 차이에 따른 서로 다른 가치관도 갈등의 원인이다. 이러한 국가 간 갈등과 경쟁은 종종 전쟁으로 이어져 많은 사람의 생명과 재산을 파괴하는 결과를 낳고 있다.

의료계의 조사에 따르면 적지 않은 사람들이 공황장애를 겪고 있으며 날이 갈수록 그 수가 늘어나고 있다고 한다. 공황장애란 불현듯 마음이 긴장되고 불안해지면서 몸에 이상을 느껴 어지럽거나 심장이 심하게 뛰게 되는 현상을 말한다. 이 질환의 원인 중 가장 큰 이유는 불안이다. 현대사회에서의 치열한 경쟁과 성공에 대한 부담, 스트레스 등에 의해 심리적인 불안이 쌓이면서 발생한다. 과도한 불안과 스트레스는 심장을 과도하게 흥분시킨다. 이것이 심장의 기능이상을 유발하게 된다. 과열된 심상은 감정의 조율에 문제를 일으키게 되며 그 결과 공황장애 증상이 유발되는 것으로 볼 수 있다.

이처럼 치열한 경쟁으로 인해 우리사회는 점차 배려가 부족한 사회가 되어가고 있다. 우리는 줄을 서서 순서를 기다려야 하는 경우에도 바쁘다는 핑계로 다른 사람이 양보하기를 강요하며 살아간다. 상대방의 말에 귀를 기울이지 않고 자신의 말만 늘어놓는다. 또한 나 자신과 모습이 다르고 생각이 다르고 취향이 다르다고 해서 미워하거나 싫어하는 모습을 보인다. 다른 사회구성원의 문화와 취향이 다른 것을 이해하려 들지 않고 오로지 자신만의 생각을 강요하고 고집을 부린다. 이 경우 다툼이 생기게 된다.

이는 개인과 개인 사이에서 뿐만 아니라 국가와 국가 사이에서도 마찬가지다. 우리 사회에 폭넓게 자리한 편견과 차별 또한 사회적 상호작용을 왜곡하여 대치와 균열을 조장하고 특정 개인이나 집단에 대한 증오를 부추긴다. 상대에게 막말을 일삼는 것은 상대를 인정하지 않고 함께 공존하지 않겠다는 태도를 공개적으로 드러내는 것이나 다름없다. 이로 인해 사회적 갈등이 증폭되고 있다.

치열한 경쟁은 우리 사회를 고독하고 소통이 되지 않는 사회로 만들고 있다. 일찍이 철학자 키에르 케고르는 "고독은 죽음에 이르는 병이다."라고 말했다. 또 미국 사회학자 데이비드 리스먼(David Riesman, 1909~2002)은 1950년 출간한 책 〈고독한 군중(The Lonely Crowd)〉에서 군중 속의 고독을 말했다. 그의 주장에 따르면 "산업사회 속 현대인은 자기 주위를 의식하며 살아간다. 무리를 지은 집단 대열에서 낙오되지 않기 위해서다. 하지만 그와 동시에 자신의 내부에서 행복을 찾는 데는 실패하기 때문에 불안하고 고독해진다."는 것이다.

인류의 주거 및 사회생활 행태가 점차 핵가족화 되고 있으며 혼자 사는 사람도 늘어나고 있다. 또 개인주의 성향이 강화되면서 인간관계가 단절되고 있다. 이에 우리사회가 무관심과 냉담, 비정함으로 얼룩져 가고 있다. 과학기술의 발전은 이런 경향을 한층 더 심화시키고 있다. 분명 사람들의 삶은 예전보다 풍요롭고 편리해졌지만 그만큼 개인주의 성향도 더 커졌다. 그로 인해 대화도 많이 줄어들었다. 인공지능이 발전함에 따라 우리는 점점 실내에서 활동을 할 가능성이 크다. 이에 따라 다른 사람들과 대화하며 접촉하는 시간이 훨씬 더 줄어들 것이다. 만약 그렇게 된다면 지금보다 더 인간관계가 단절되고 소외되는 사람이 늘어나게 될 것이다.

일찍이 선각자들은 치열한 경쟁사회는 결국 멸망할 수밖에 없다는 예언을 내 놓았다. 17세기 영국의 철학자 토마스 홉스(Thomas Hobbes 1588~1679)는 인간의 본성이 성악설에 기초한다고 전제한 뒤, 생존을 위해 '만인 대 만인의 투쟁'을 벌인다는 주장을 내놓았다. "자연상태란 어떠한 원리나 법이 없는 상태를 뜻한다. 따라서 자연상태의 인간은 '만인 대 만인의 투쟁(the war of all against all)'을 통해서만 존재할 수밖에 없으며, 인간은 인간에 대해 늑대와 같다. 그 결과 인간의 삶은 고독하고 비참하고 외롭고 잔인하며 짧다."

또 20세기의 러시아의 생물학자 가우스(Gause)는 경쟁 배타의 원리(principle of competitive exclusion)를 주장하였다. 이는 생태적 지위가 동일하거나 유사한 개체군은 같은 환경 안에서 공존할 수 없다는 것이다. 한 생태계에 같은 생태적 지위를 차지하는 둘 이상의 종이 있다면 이들 사이에 먹이와 공간을 차지하기 위한 치열한 경쟁이 나타나는 것을 발견했다. 그 결과 조금이라도 우세한 한 종이 다른 종을 완전히 전멸시키고 모든 공간과 먹이를 차지해 버린다는 것이다.

이런 가설과 예언들이 날이 갈수록 보다 더 현실화되고 구체화되어 가면서 지구촌 말세의 개연성 또한 점차 높아지고 있다.

거짓과 불신이 판치고 서로를 믿지 못하는 세상

현대 경제사회에서 국가경쟁력을 좌우하는 핵심적 투입요소는 지식과 기술이다. 그러나 이에 버금가는 중요한 요소가 또 있으니 바로 '사회적 신뢰'이다. 이 사회적 신뢰 수준이 낮은 국가는 경제사회 문제를 효율적으로 해결할 수 없다. 고속도로나 통신망 등과 같은 물질적 인프라가 경제사회 활동의 효율성을 높이는 것과 마찬가지로, 사회적 신뢰는 사회 구성원 간의 협력을 가능하게 하여 문제 해결의 효율성을 높이는 역할을 한다. 이러한 의미에서 사회적 신뢰는 '사회적 자본(social capital)'이라고도 불린다.

사회적 자본이 부족한 사회는 기초가 부실한 건물과 같다. 상호간의 신뢰가 부족할 경우 사회 구성원들은 서로의 선의를 믿지 못하기 때문에 사회적 갈등이 증폭되기만 할 뿐 해결의 실마리를 찾지 못하는 것이다. 이와 같이 신뢰 부족은 사회적 갈등을 증폭시켜 국가적으로 엄청난 비용을 초래하고 있다. 정부가 국민의 신뢰를 얻지 못하면 사람들은 정부 발표나 전문가의 이야기보다도 인터넷에 떠도는 소문이나 근거 없는 주장에 더 귀를 기울이게 된다. 이로 인해 결국 국가 전체의 효율성과 경쟁력이 떨어지게 되는 것이다.

특히 금융은 신뢰를 기본으로 하는 비즈니스이다. 우리는 지금도 고객의 정보가 대량 유출되는 사고나 거액의 부정대출 사건 등 금융의 신뢰가 흔들리는 현상을 적지 않게 경험하고 있다. 그런데 신뢰를 기반으로 하는 금융산업이 신뢰를 잃으면 금융거래 및 서비스가 위축되기 때문에 경제 전반에 부정적인 영향을 미치게 되며, 심할 경우 경제전체가 마비될 수도 있다. 우리는 이러한 사실을 이미 두 차례의 글로벌 금융위기라는 비싼 비용을 치르면서 알게 되었다.

오늘날의 사회를 두고 흔히 '신용사회'라고 한다. 신용사회란 개인의 신용이 공정하고 정확하게 평가되고, 이를 바탕으로 거래가 투명하게 이루어지는 사회를 의미한다. 이 신용사회에서는 신용이 없으면 경제생활뿐만 아니라 일반적인 사회생활 자체가 불가능하게 된다. 그런데 이 신용사회에서의 신용이란 개인의 재산 유무를 떠나 신뢰관계에 근거해 형성되는 사회적 신뢰이며, 그에 따른 책임을 동반한다. 이 사회적 신뢰가 부족한 사람들은 항상 자신들이 빠져나갈 구멍만 찾고 사회적인 책임을 회피하려 한다. 구성원 상호간의 신뢰가 부족한 조직과 사회는 결국 와해될 것이다.

사회심리학과 게임이론에서 많이 활용중인 '죄수의 딜레마 (prisoner's dilemma)' 이론은 이를 잘 설명해 준다. 공범자 두 사람이 서로를 신뢰하고 협력해 범죄사실을 숨기면 증거 불충분으로 둘 모두 형량이 낮아지는 최선의 결과를 누릴 수 있게 된다. 그러나 상대방을 믿지 못하는 상태에서는 상대방의 범죄 사실을 말해 주면 형량을 감해 준다는 수사관의 유혹에 빠져 상대방의 죄를 고발함으로써 둘 다 무거운 형량을 선고받게 되는 결과를 부른다. 대부분의 사람들은 자신의 이익만을 고려하여 '서로'가 아닌 '자신'에게 최선이라고 생각되는 것을 선택한다. 그래서 서로를 배신하지 않고 협조했을 때의 결과보다 나쁜 결과를 맞게 된다. 이는 두 사람의 협력적인 선택이 둘 모두에게 최선의 선택임에도 불구하고, 자신의 이익만을 고려한 선택으로 인해 자신뿐만 아니라 상대방에게도 나쁜 결과를 야기하는 현상을 말한다.

물론 이 '죄수의 딜레마' 이론은 게임이론에서 비롯되었지만, 사회적 현상에서 반면교사로 광범위하게 적용될 수 있을 것이다. 즉 어떤 딜레마 상황에 처하게 되면 서로의 신뢰만이 최악의 결과에서 벗어날 수 있는 해결책이 된다는 점을 우회적으로 가르쳐 주고 있다.

우리 사회에는 거짓말이 점차 일상화되어가는 편이다. 범죄심리학 분야의 세계적인 석학인 폴 에크만 박사는 사람은 8분마다 한 번씩 거짓말을 하며 하루에 최소 200번 정도는 거짓말을 한다고 밝혔다. 폴 에크만 박사가 말한 거짓말에는 의례적인 인사라든지, 표정·태도와 같이 원만한 인간관계를 위한 거짓말부터 자신을 보호하기 위한 거짓말을 포함한다. 2012년 미국 노스웨스턴 대학에서는 거짓말을 능숙하게 하도록 300번 이상 연습을 시키는 실험을 진행했다. 그 결과 거짓말은 하면 할수록 는다는 속설이 실제로 확인되었다.

가짜뉴스 또한 갈수록 활개를 치고 있다. 이는 날로 발전하는 IT기술과 인공지능 기술을 활용한 가짜뉴스가 쉽게 생성·유포될 수 있기 때문이다. 특히, '딥페이크(deep fake)' 기술을 악용하여 가짜뉴스를 유포할 경우, 그로인한 사회적 혼란은 상상하기 어려울 정도다. 딥페이크란 인공지능을 활용한 편집기술이 디지털 성범죄 도구 내지 가짜 뉴스를 유포하는 도구로 활용되는 것을 의미한다. 가짜뉴스는 개인의 프라이버시(privacy)를 심각하게 침해한다는 측면에서 문제가 크다. 더욱이 편향성을 부추기는 가짜뉴스가 생산된다면 그 파급력은 핵폭탄 수준이 될 것이다. 한마디로 불신이 판치는 사회가 되고 말 것이다. 만일 트럼프 미국 대통령과 똑 같은 얼굴과 음성을 한 채 북한과의 선전포고를 하는 조작된 영상이 유포된다면 어떻게 될까?

우리 사회는 갈수록 거짓말과 가짜뉴스가 기승을 부리고, 또 서로를 잘 믿지 못하는 불신의 경향을 보이고 있다. 이런 상황에서는 진실을 말하는 이와 양심적인 사람들이 오히려 불이익을 받고 어려움을 겪게 된다. 그런데 이보다 더 심각한 상황은 어린 학생들이 거짓말을 기성세대의 보편적 행태로 인식해버리는 경우이다. 거짓말을 우리 사회의 일반적 규범이라고 생각하게 되면 오늘날의 문제가 아니라 20년, 30년 뒤에 더 심각한 문제를 낳을 수 있다.

6장
종말의 종말,
인류사회의 종말을 방지하기 위하여

- 종말론에 우리는 어떻게 대처해 나가야 할 것인가?
- 인간에게 도움이 되는 과학기술의 구현
- 자연에 순응하는 환경 친화적인 삶과 정책의 운용
- 인류의 공존 번영을 위한 견고한 국제협력과 상생경제 시스템 구축
- 종말을 막기 위한 기본 명제는 도덕성의 회복과 윤리의식의 강화

인 류 의   종 말 은   어 떻 게   오 는 가 ?

종말론에 우리는 어떻게 대처해 나가야 할 것인가?

지구 종말론은 그동안 수차례에 걸쳐 제기되어 왔다. 그러나 그때마다 예언은 번번이 빗나갔으며, 지구는 여전히 잘 돌아가고 있다. 이처럼 종말론은 매번 허구로 끝나고 있지만, 그래도 여전히 또 다른 종말론이 새로이 등장하고 있다. 그리고 적지 않은 사람들이 이 종말론에 귀를 기울이며 빠져 들고 있다. 그 이유는 무엇일까? 전문가들의 분석에 의하면 사람들이란 완벽하지 못한 존재이기에 뜻하지 않은 상황으로 현실이 나빠지게 되면 커다란 불안감을 가지게 된다. 그래서 이를 설명해줄 수 있는 나름대로의 이론이나, 책임을 져야 하는 무엇인가를 필요로 하게 된다. 그것이 대재앙이나 종말론에 대한 관심으로 나타나게 되는 배경이 된다는 것이다.

종말론을 만들어내는 사람들에게도 문제가 있다. 그들은 돈을 벌기 위해서 이야기를 과대 포장해 만들어내기도 하였다. 실제로 〈2012 태양폭풍 종말론〉이라는 책으로 종말 신드롬을 만들어내서 많은 돈을 벌었던 작가 로렌스 조셉은 지하 벙커나 산꼭대기에 살지 않고 LA 한복판에서 살고 있다. 그는 자신의 모순적인 행동에 대해 "종말론을 이야기하는 사람들이 스스로 준비하는 단계까지는 이르지 못했다."고 변명했다. 또한 2012년 종말론 사이트를 운영했던 데니스 맥클란도 대재앙 때 필요한 비상식량이나 구급 장비 등의 물건들을 판매하여 많은 수입을 올렸다. 그는 "2012년 웹사이트를 열면서 사업 수익이 20배나 늘었다."고 밝혔다.

종말은 우리에게 익숙한 세상의 끝이자 동시에 새로운 세계로의 이행이며, 새로운 삶과 사상, 그리고 존재방식의 시작이기도 하다. 그래서 한 시대에서 다른 시대로 전환하는 경우에는 종종 종말론적인 담론이 뒤따르기 마련이다. 다만, 많은 경우 비관적인 관점으로 쏠리는 경향을 보인다.

당초 이 종말론의 시작은 종교적 관점에서부터 시작되었다. 그러나 시간이 지나면서 지구 종말의 위기는 신의 개입뿐만 아니라 전쟁, 과학기술의 발전, 환경의 변화 혹은 인간 상호간의 갈등과 다툼과 같은 형태로 등장하였다. 실제로 만약 우리가 살고 있는 이 지구촌에 종말이 찾아온다면 그 원인은 종교적 이유에서라기보다는 오히려 과학기술과 기상이변, 그리고 정치경제적 패권 다툼의 결과, 그리고 윤리와 도덕의 타락에서 비롯될 공산이 더 크다.

사실 기독교적 종말론은 일반인들이 받아들이기 어려운 측면이 크다. 이는 무엇보다 성경적이지 않다는 데서 비롯된다. 세상의 종말을 예언하고 있는 구약성경의 〈다니엘〉, 신약성경의 〈요한계시록〉 등 성경 그 어디에도 구체적인 종말의 날짜는 명시되지 않았다. 예수 그리스도 또한 세상 심판 날에 대해 "그때는 나도 모르고 오직 아버지만 아신다."고 말한 것으로 기록되어 있다.

이처럼 우리 인류가 살고 있는 지구촌에 종말이 실제로 찾아올지 여부는 아무도 모르는 일이다. 그러나 확실한 것은 있다. 그것은 우리가 어떻게 살아가느냐에 따라 지구 종말이 올 수도 있고 아닐 수도 있다는 점이다. 또한 종말이 다가온다고 하더라도 그 시점을 빠르게 하거나 혹은 느리게 하는 것 역시 우리 인류들의 몫이라 할 것이다. 지구 종말을 예언한 노스트라다무스도 자신의 책 〈제세기〉에서 다음과 같이 말하고 있다. "인간문명의 미래는 모두 인간의 자유의지에 따라 바꿀 수 있다. 선택은 인간의 몫이다."

그러면 지구 종말을 막기 위해 우리가 취해야 할 조치는 무엇일까?

첫째, 과학기술을 인간에게 유리한 방향으로 발전시켜 나가야 한다. 과학기술은 인간의 삶을 풍성하고 편리하게 해주는 등 많은 혜택을 주고 있다. 반면 이를 잘못 활용하거나 남용할 경우 커다란 새앙으로 다가오게 된다. 당초 다이너마이트가 만들어진 목적이 산업활동의 편익증진에 있었지만, 실제로는 대량 살상무기로 더 많이 활용되었다는 점은 대표적인 사례이다. 더욱이 앞으로 예상되는 인공지능과 로봇 그리고 생명공학의 발전은 과학기술의 오남용 위험성을 더 크게 지니고 있다. 자칫 인간이 이들의 지배를 받게 되거나 해괴망측한 생물체가 태어날 가능성이 없지 않다는 것이다. 따라서 이런 우려가 현실화되지 않도록 하기 위해 철저한 사전 준비와 노력이 필요하다.

둘째, 기상이변과 자연재해의 피해가 최소화되도록 사전대응 노력을 강화해 나가야 한다. 이를 위해 개인이나 기업, 국가 등 모든 경제주체가 환경 친화적인 삶과 활동을 해 나가야 할 것이다. 기상이변 현상과 지구 온난화가 진전될 경우 지구는 뜨거워져 육지가 바닷물 속에 잠기거나 사막화되면서 더 이상 생물체가 살 수 있는 공간이 되지 못할 것이다. 특히 파리기후협약을 능동적으로 준수해 나가야 한다. 이는 다양한 자연재해 현상도 따지고 보면 기상이변과 환경오염에서 비롯되고 있다는 사실에서 잘 알 수 있을 것이다.

셋째, 국제사회의 반목과 갈등을 해소하거나 완화해 나가야 한다. 갈등은 분노를 잉태하고 분노는 폭력을 유발한다. 국제사회에서 반목과 갈등이 심화되면 결국 전쟁으로 비화하게 된다. 실제로 지금 국제사회에서는 다양한 형태의 분쟁과 전쟁이 일어나고 있다. 무역과 경제전쟁, 기술패권 분쟁, 나아가 중동전쟁과 아프리카 내전 등의 무력전도 벌어지고 있다. 또 지구촌 곳곳에서는 인류의 생명과 재산을 위협하는 각종 테러가 기승을 부리고 있다. 이런 분쟁과 전쟁이 더 심화된다면 결국 모두의 공멸을 부르는 제3차 세계 대전으로 이어지게 될 것이다. 따라서 이런 위험을 사전방지하기 위한 국제사회의 협력과 공존 노력이 그 어느 때보다 절실히 요청되고 있다.

넷째, 도덕과 윤리성의 회복과 제고를 위한 노력을 강화해야 한다. 현대사회에서는 이혼율이 증가하고 '나 홀로 가구'가 급증하는 등 가정이 무너지고 있다. 또 패륜과 배덕, 거짓이 판치는 세상이 되어가는 징조도 여기저기서 엿볼 수 있다. 한마디로 말세론이 기승을 부리고 있는 상황이다. 세상 말세를 방지하기 위해서는 윤리와 도덕의 재무장 운동이라도 펼쳐야 한다. 이는 인공지능과 로봇의 발전으로 인해 우려되는 인공지능의 인간 지배를 방지하기 위해서라도 그러하다. 그런데 이런 도덕성 회복 노력은 무엇보다 가정에서부터 시작되어야 한다.

종말론은 우리 인류에게 다음과 같은 메시지를 던지고 있다. 우리가 살아가고 있는 그리고 후손에게 길이 물려줄 이 지구촌에 종말이 오지 않도록 하라!
지구를 지켜라, 그러기 위해 미래를 생각하고 이에 대한 사전대비를 철저히 해나가라!
아울러 두 번 다시 돌아오지 않을 현재를 우리가 사랑하는 주변의 사람들과 함께 즐기며 행복하게 살아가라!

인간에게 도움이 되는 과학기술의 구현

    과학기술이 인간에게 절대적으로 안전하고 호의적이며 인류의 발전을 돕는 방향으로 구현되기만 한다면 아무런 걱정이 없을 터이다. 하지만 과학기술의 발전이 반드시 이런 식으로 이루어지리라는 보장은 없다. 과학기술을 다루는 인간의 오작동과 미숙함에서 비롯되는 문제들도 우려된다. 더욱이 일부러 나쁜 의도를 지니고 결과물을 만들어 내는 경우도 없지 않을 것이다. 이 경우 인류의 멸망이 초래될 것임은 불을 보듯 훤하다.

    이 문제를 인공지능과 킬러로봇을 통해 보다 구체적으로 알아보자. 만약 비윤리적인 인공지능이나 로봇이 탄생해 인간을 공격한다면 인간과 인공지능 간 전쟁이 일어나게 될 것이다. 이 경우 인간보다 인공지능이 뛰어난 능력을 가졌기에 그 결과를 쉽게 예측할 수 있을 것이다. 미국에서는 인공지능이 인간과는 달리 전쟁에 대한 공포를 인식하지 못하는 관계로 20년 안에 핵전쟁을 유발할 수도 있다는 섬뜩한 분석도 나왔다.

여기에 애시 당초 나쁜 목적에 활용할 의도로 인공지능과 로봇을 만들어 낸다면 문제의 심각성은 상상을 초월할 것이다. 미래학자들은 기술의 발전 속도를 감안할 때 오히려 이 가설이 인공지능 스스로 반란을 일으키는 것보다 훨씬 더 실현 가능성이 크다고 보고 있다. 이러한 가설들은 인공지능이 인간 삶의 행복을 보장해 주기보다 오히려 인간이 인공지능으로 인해 피해를 입게 될 가능성이 크다는 것을 말해주고 있다.

이러한 위험들을 사전에 방지하기 위해 인류는 인공지능과 로봇의 윤리관을 제고하기 위한 노력을 기울여 오고 있다. 우선, 미국의 과학자이자 작가인 아이작 아시모프(Isaac Asimov)가 제시한 '로봇 3원칙(Three Laws of Robotics)'이다. 이는 로봇안전 준칙으로 로봇은 인간에게 해를 끼치지 않아야 하고, 인간의 명령에 복종해야 하며, 로봇 자신의 존재를 보호해야 한다는 내용을 담고 있다. 또 인공지능 활용의 윤리성 제고를 위한 국제사회의 노력도 강화해 나가고 있다. 2015년에 이어 2017년에도 이루어진 세계 로봇 전문가들의 킬러로봇 제작금지 취지의 서명운동은 이런 노력의 일환이다.

그러나 이의 실효성에 있어서는 의문이 남는다. 현실 세상의 예를 보더라도 부모와 학교가 각종 사회통념과 행동규범을 가르치지만 언제나 문제아가 나오는 것을 목도하고 있다. 따라서 인공지능이나 로봇에게 도덕과 윤리를 가르친다고 안전하다고 볼 수 없다.

이에 보다 현실적인 대안으로 인간과 인공지능의 협력 내지 결합이 필요하다는 주장이 제기되고 있다. 이는 이미 시작된 인공지능의 시대에서는 기계와의 경쟁이 아닌 협력과 공생 능력이 중요하다는 것이다. '특이점'의 도래를 제시한 레이 커즈와일은 "초인공지능이 실현되고 기술적 특이점이 도래하는 상황에서 인류가 오랫동안 삶을 유지해 나가려면 인간과 인공지능이 하나가 되어 서로 협력하고 공존하는 방안을 모색해야 할 것이다."라고 주장했다. 더 나아가 인간과 인공지능을 합체해야 한다는 극단적인 의견까지 제시되고 있다. 뇌에 칩을 심거나 뇌를 직접 컴퓨터에 연결해야 한다는 의미다. 테슬라 최고경영자 일론 머스크도 이 아이디어를 제시했고, 이를 실현하기 위해 해당 기술을 개발할 '뉴럴링크(Neuralink)'라는 회사를 세웠다. 인간의 기억을 컴퓨터에 저장해놓고 필요할 때 꺼내 쓸 수 있도록 하면서 용량을 무한하게 늘리겠다는 것이다.

그러나 무엇보다 중요한 점은 윤리적인 인공지능이 탄생할 수 있도록 우리 인간 자체의 인성과 도덕심을 고양해 나가는 것이다. 이는 인공지능도 결국은 인간이 만들어 내기 때문이다. 다시 말해 높은 도덕성을 갖춘 인간이 윤리적인 로봇과 인공지능을 만든다는 점을 명심해야 한다.

이러한 문제점은 생명공학 기술의 발전에서도 동일하게 나타난다. 유전자 편집기술이 희귀병 치료 등 인간에게 꼭 필요한 영역을 넘어 남용될 경우 돌연변이와 복제인간의 출현 등 상상키 어려운 문제가 야기될 것이다. 가정과 사회가 파괴되고 인간의 정체성이 소멸할 것이다. 심지어 인간과 짐승의 교접이라는 비현실적 사태가 발생할 우려도 없지 않을 것이다. 또 인간의 수명이 연장되는 차원을 넘어 영생불멸의 현상이 나타난다면 지구는 인구폭발의 문제에 직면하게 될 것이다. 이는 신의 영역에 대한 도전이기도 하다. 이런 현상들이 나타나지 않도록 하기 위해서는 인공지능의 경우와 마찬가지로 결국 인간의 도덕과 윤리성 제고의 문제로 귀결된다.

기술은 기계기술, 정보기술을 넘어 지능정보기술로 진화한다. 이에 따라 경제는 물질경제를 넘어선다. 서비스 경제화로의 진행이 이루어지고 더 나아가 공유경제와 체험경제로 발전한다. 사회의 지배양식은 예전의 수직적인 위계적 질서를 넘어 수평적 질서로 변화하게 된다. 문화는 다문화를 넘어 혼성문화로 변화한다. 이처럼 경제사회, 문화 전반에 걸쳐 이루어지는 변화에 걸맞은 지배구조(governance)를 갖추기 위한 준비도 필요하다. 시스템과 관행을 바꾸고, 공공부문과 민간부문의 역할도 달라져야 할 것이다.

세계경제포럼(WEF) 회장 클라우스 슈밥은 'The Fourth Industrial Revolution'에 이어 2018년 출간한 새로운 저서 'The Next'에서 다가올 4차 산업혁명시대가 인류의 삶에 진정으로 도움이 될 수 있도록 하기 위해서는 다음과 같은 사항들을 고려해야 한다고 기술하고 있다. 첫째, 4차 산업혁명의 혜택이 공정하게 분배될 수 있도록 보장되어야 한다. 둘째, 4차 산업혁명으로부터 파생될 수 있는 리스크와 피해와 같은 외부효과를 제대로 잘 관리해야 한다. 셋째, 4차 산업혁명은 인간주도의 그리고 인간중심의 산업혁명이 되어야 한다.

과학기술의 발전은 인류 경제사회의 모습을 근원적으로 그리고 다양하게 변화시켜 나갈 것이다. 그러나 불변의 진리 또한 존재한다. 다름 아닌 과학기술이 아무리 진화하고 발전해도 그것은 인간의 도구일 뿐이라는 것이다. 다시 말해 인간의 운명을 과학기술이 만들어 낸 물체에 맡겨서는 안 되며 인간 스스로 개척해 나가야 한다는 것이다. 그리고 인간이 과학기술 피조물의 주인이 되어야 한다는 것이다.

자연에 순응하는 환경 친화적인 삶과 정책의 운용

건강한 지구의 미래는 경제와 환경이 조화를 이루는 개발이 이루어질 때 보장될 수 있다. 지난 세월 오랜 동안 '경제'와 '환경'은 양립하기 어려운 상충관계(trade-off)에 있는 과제로 치부되어 왔다. 다시 말해 경제발전을 위해서는 환경오염이 불가피하다는 논리 속에 살아왔다. 그 결과 지금과 같은 심각한 환경오염과 지구온난화 문제가 야기된 것이다. 경제발전이 앞으로도 지속되어야 함은 당연하다. 그러나 이보다 더 중요한 것은 우리 자신과 미래세대가 살아갈 이 지구촌을 보다 살기 좋고 건강한 공간으로 유지시켜 나가는 것이라 할 것이다. 한마디로 환경보호에 더 많은 노력을 기울여야 한다는 것이다. 아울러 지구온난화 방지를 위한 조치들을 적극 마련하여 추진해 나가야 한다.

이를 위해 우선, 경제운용 방식을 지속가능 발전이 가능한 방식으로 바꿔나가야 할 것이다. 다시 말해 보다 중장기적인 안목과 미래지향적으로, 양적 확장보다는 질적 개선에, 그리고 환경을 보전하고 자원의 고갈을 막는 방향으로 경제를 운용해 나가야 한다는 것이다. '지속가능한 발전(sustainable development)'의 원래 뜻은 '미래 세대가 그들의 필요를 충족시킬 능력을 저해하지 않으면서 현재 세대의 필요를 충족시키는 발전'을 의미한다. 그 핵심은 경제성장과 환경보전의 조화가 경제개발 자체의 지속성을 유지시키는 기반임을 명확히 인식하는 데 있다. 실제로 이제 사람들은 지구 환경을 파괴하면서 얻어내는 물질적 풍요보다는, 쾌적하고 안전한 환경에서 몸과 마음의 건강과 평정을 누리는 '행복경제'를 원하고 있다.

산업정책과 에너지정책도 부가가치를 높이는 동시에 환경 친화적으로 운용해 나가야 한다. 이를 위해 화석연료의 사용을 줄이는 대신 환경에 무해하고 안전하면서도 재생이 가능한 에너지를 개발하는 데 눈을 돌려야 한다. 즉 땅속에 갇힌 에너지가 아닌, 지구에서 실시간 만들어지는 에너지의 활용도를 높여야 한다는 것이다. 거기에는 태양열과 태양광이 있으며, 물의 힘에 의한 수력과 바람의 힘에 의한 풍력 등이 있다. 또 밀물과 썰물에 의해 발생하는 조력, 땅속에서 발생하는 에너지를 이용하는 지열 등이 있다. 아울러 가솔린자동차를 대체하는 전기자동차와 수소자동차 시대도 앞당겨 나가야 한다. 산업구조 고도화와 에너지 절약을 위해 기존 전력망에 정보통신 기술을 접목하는 지능형 전력망인 스마트 그리드(Smart Grid)를 활용하는 것도 필요하다.

이에 따라 에너지산업은 새로이 각광받는 산업으로 부상하고 있다. 국제에너지기구(IEA, International Energy Agency)는 기후변화에 대응해 나가는 과정에서 에너지 시장에 2030년까지 12조 달러 이상의 새로운 투자기회가 생길 것으로 내다보고 있다.

다음으로는, 국제사회가 공동으로 마련한 기후변화협약의 이행사항을 착실히 준수해나가야 한다. 2016년 출범한 파리기후협약은 선진국에만 온실가스 감축의무를 지운 1997년 교토의정서와는 달리, 선진국과 개발도상국 모두 책임을 분담하는 것으로 되어 있어 전 세계가 기후재앙을 막는 데 동참한다는 의미를 갖는다. 이에 따라 관리대상이 전 세계 온실가스 배출량의 90% 이상에 달해, 20%에도 미치지 못한 교토협약과 비교할 때 크게 진전된 국제기후협약이라는 평가를 받고 있다. 따라서 이를 '신(新)기후체제'라고 부르고 있다.

이 새로운 기후변화협약이 효력을 나타내기 위해서는 무엇보다 세계 온실가스 배출 1위와 2위 국가인 중국과 미국이 그 대열에 앞장서야 한다. 그런데 미국의 트럼프 행정부는 산업보호 명분으로 2017년 6월, 파리기후협약을 탈퇴해 버렸다. 이는 지구촌의 미래를 위해 바람직하지 않을 뿐더러 중요한 책임국가로서의 본분도 망각한 것이라 할 것이다. 따라서 미국은 한시바삐 협약탈퇴를 번복하고 다시 돌아와야만 한다. 중국 또한 자국의 심각한 대기오염을 저감하기 위해서라도 협약준수 대열에 가장 앞장서야 할 것이다. 아울러 우리 모두는 '파리기후협약'이 부담만을 가져오는 게 아니라, 새로운 경제성장 동력 창출의 기회도 된다는 점을 인식해야 한다.

끝으로 산림을 보호하고 육성해야 한다. 나무와 숲은 우리 인간에게 여러 가지 유익한 기능을 하고 있다. 임산물을 생산하는 경제적 기능과 국토보전, 수원(水源) 함양, 야생동물 보호, 산소공급 및 대기정화 등 다양하다. 산림은 토사의 유출 및 붕괴를 막고 낙석, 산사태 등을 방지하는 기능도 한다. 또 자연경관 유지, 양호한 산림휴양 장소 제공을 통해 국민들의 급증하는 야외휴양 수요에 부응하고 있다. 이 밖에도 산림은 동식물 서식보호 장소로서 종의 보존기능과 더불어 탄소동화작용에 의해 지구온난화를 완화시켜 준다. 그리고 오염된 대기의 정화, 정신문화 교육장의 제공 등 산업화된 현대사회에서 산림의 가치는 무한하다.

스위스 취리히연방공대 연구 결과에 따르면, 지구온난화에 대처할 수 있는 최선의 방법은 나무를 심어 숲을 가꾸는 것으로 나타났다. 즉 농경지나 도시를 잠식하지 않고도 기존 숲재건 등 숲 가꾸기를 통해 1조 그루의 나무를 심는다면 지구온난화를 초래하는 이산화탄소(CO₂)의 3분의 2가량을 저장할 수 있다는 것이다. 이는 현재 지구에 심어진 나무는 3조 그루에 달하는데, 숲가꾸기를 통해 약 3분의 1 규모의 나무가 추가된다는 것을 의미한다.

우리는 이처럼 인간에게 여러 가지 유익한 기능을 하고 있는 산림을 지켜야 한다. 특히 열대림을 지켜야 한다. 열대림을 파괴함으로써 몇몇 나라나 일부 다국적기업들은 단기간에 큰 이익을 보겠지만, 이는 전 인류에게 있어서는 손해를 넘어 죄악에 가까운 행위다. 산림의 파괴는 결국 부메랑이 되어 인류의 멸망을 초래하게 될 것이다. 전문가들에 따르면, 열대림을 개간하여 목초지로 이용하였을 때의 경제적 이익보다 열대림을 보존하여 지속 가능한 자원을 얻을 때의 이익이 40배 정도나 많다고 한다.

인류의 공존 번영을 위한 견고한 국제협력과 상생경제 시스템 구축

과도한 경쟁은 긴장과 갈등으로 가득 찬 사회를 만들게 된다. 갈등이란 개인과 개인, 개인과 집단, 또는 집단과 집단끼리 목표나 이해관계가 서로 달라 적대시하거나 불화를 일으키는 상태를 말한다. 갈등이 발생하는 이유는 대화나 협의, 양보나 타협, 협력이나 협동이 아니라 처음부터 일방적이거나 무리한 요구, 주장, 파행의 자세를 취하는 데서 비롯된다. 그 결과 종종 물리적인 폭력과 투쟁으로 발전한다. 갈등해결의 과정에 있어서도 준법정신의 부재와 격한 감정의 대립 속에서 합법적인 주장이 무력해지는 경우가 많이 생기고 있다.

갈등과 분쟁이 발생하지 않게 하려면 조직 구성원들이 서로 친밀하고 협동적인 관계를 형성해 나가야 한다. 아울러 어떤 일을 처리함에 있어 자기 자신에게는 매우 엄격한 잣대를 적용하되, 다른 이에게는 아량과 배려로 대할 때에만 비로소 가능할 것이다.

이와 함께 공동선을 위한 원칙과 규율을 지키는 자세가 필요하다. 이는 국제사회에서도 마찬가지로 통용된다.

국제사회에서 갈등이 심화되면 분쟁과 전쟁으로 비화하게 된다. 따라서 국제사회의 평화와 안전을 유지해 나가기 위해서는 긴밀한 국제협력을 이끌어 내는 공고한 협력체의 결성과 운영이 매우 중요하다. 이는 제1차 세계대전 후에 국제연맹(League of Nations)이, 그리고 제2차 세계대전 후에는 국제연합(UN, United Nations)이 결성된 점에서도 잘 알 수 있을 것이다. 그런데 제1차 세계대전 이후 탄생한 국제연맹이 제대로 된 역할을 하지 못함에 따라 제2차 세계대전이 일어났다. 이제 또다시 UN이 그 기능을 제대로 수행하지 못한다면 3차 세계대전으로 이어질 수도 있을 것이다. 이런 상황이 벌어지지 않도록 하기 위해서는 UN의 역할과 책임을 강화하는 방향의 개혁이 필요할 것이다.

이와 함께 국제사회의 경제협력 증진을 위하여 다자협력 체제를 공고히 구축해 나가야 한다. 이는 양자 간의 협력체제는 아무래도 힘 있는 측의 논리와 주장에 따라 의사결정이 일방적으로 내려질 가능성이 크기 때문이다. 한마디로 공정하지 않다는 뜻이다. 그런데 현실은 공정성을 내세웠던 다자주의가 퇴조하고 있으며, 유명무실한 상황에 처해 있는 다자간 협력체제도 많다. 여기에 협상방식도 날이 갈수록 힘의 논리가 지배하는 양자협상 위주로 재편되는 형국이다. 이런 경향은 트럼프 행정부가 미국우선주의를 내세우면서 한층 더 뚜렷해지고 있다. 그러나 이러한 추세는 국제사회의 갈등을 키우게 된다. 특히 약소국에게는 치명적이다. 따라서 앞으로 다자간 협력 체제를 공고히 하는 한편 그 실효성도 더욱 높이는 방안을 마련해야 할 것이다.

한편, 세계경제는 그동안 경쟁을 기반으로 한 기존 자본주의 시스템 아래 눈부신 발전이 있었다. 그러나 이면에는 심각한 양극화현상과 각종 사회 부조리를 양산하는 후유증을 낳았다. '월가를 점령하라!(Occupy Wall Street)'는 시위도 일어났었다. 그 이후 자성의 움직임이 일어나면서, 기존 자본주의 체제를 보완할 수 있는 대안으로 공유경제와 동반성장의 개념이 떠오르고 있다.

우선, 공유경제이다. '공유경제'란 물품은 물론, 생산설비나 서비스 등을 개인이 각자 별도로 소유할 필요 없이 필요한 만큼 빌려 쓰고, 자신이 필요 없으면 다른 사람에게 빌려 주는 공유소비의 의미를 담고 있다. 공동체 경제와 나눔경제, 협동·협업 경제, 사회적 경제도 비슷한 의미다. 소비와 소유의 시대를 넘어 공유시대로 세상을 바꾸자는 것이다.

에어비앤비(AirBnb)와 우버(Uber)의 성공은 전 세계 창업자들에게 커다란 자극을 줬다. 창업자들은 공유할 수 있는 분야를 찾아 특화하며 기업을 설립했다. 이제 공유의 대상도 단순한 물건이나 시간을 넘어 지식과 재능, 시간 등 무형의 자산으로 확장하고 있다. 사업의 영역도 개인의 노동력을 제공하는 데서부터 컴퓨터 프로그래밍, 금융·회계 상담, 그리고 의료 서비스 공유까지 등장했다.

다른 하나는 '동반성장'의 개념이다. 기업이나 조직에서는 팀워크를 통해 남을 이해하고 공존하며 같이 나아가는 것을 배울 수 있고, 업무 분담을 통해 각자의 전문성과 개성을 살려나갈 수도 있다. 이처럼 사람들이 각자의 자리에서 협력을 통해 서로 다른 다양한 가치를 존중하고 공동으로 성취해가는 과정을 함께 한다면 사회 전체에서 갈등과 다툼의 소지가 현저히 줄어들 것이다. 이런 생각에서 나온 경제관념이 바로 동반성장이다. '동반성장'은 자본주의 체제가 앞으로도 지속해 나가기 위해서는 기존의 '성장'과 '발전'에서 '공생(共生)'과 '상생(相生)'으로의 패러다임 변경이 있어야 한다는 생각에서 비롯되었다. 즉 근로자와 경영자, 중소기업과 대기업, 실물산업과 금융산업, 국내자본과 외국자본들 모두가 상생하는 구도를 만드는 것이 주어진 과제라 할 것이다.

이제 우리는 서로 협력하고 존중하는 가운데 경쟁을 해 나감으로써 따뜻하게 포용하고 나누는 행복한 지구촌을 만들어 나가야 할 것이다. 2016년 리우올림픽에서 우리는 참다운 스포츠정신과 함께 아름다운 협력의 정신을 목도하였다. 여자 육상 5,000m 예선에서, 뉴질랜드 선수가 넘어지면서 뒤따르던 미국 선수도 함께 넘어졌다. 미국 선수는 바로 일어났지만, 뉴질랜드 선수는 트랙 위에서 몸을 일으키지 못했다. 미국 선수는 "일어나, 끝까지 달려야지. 올림픽이잖아. 끝까지 달려야 해!"라며 뉴질랜드 선수를 일으켜 세웠다. 그러나 얼마 못 가 이번에는 미국 선수가 무릎 부상으로 주저앉아 버렸다. 이에 뉴질랜드 선수는 달리기를 멈추고 다가가 미국 선수에게 손을 내밀었다. 서로 격려하며 끝까지 달린 두 선수는 결승점을 통과한 뒤 뜨겁게 포옹했다.

종말을 막기 위한 기본 명제는 도덕성의 회복과 윤리의식의 강화

윤리와 도덕은 인간관계 및 자기완성을 규율하는 규범의 총체를 의미한다. 또한 우리가 집단적 목표에 도달할 수 있도록 해주는 규범의 집합이라고 할 수 있다. 인간사회에서는 자신의 이익을 중시하는 자연적인 성향 때문에 상호간의 관계가 와해되기도 한다. 그래서 우리는 이러한 자연적 경향성을 상쇄시키는 인위적인 장치를 마련해 평화로운 사회질서를 구축해야 할 필요가 있다. 이를 위한 인위적인 장치로는 법적·사회적 억압에 의한 외부적 제제가 있을 수 있다.

그러나 사람들에게 도덕적으로 칭찬할 만한 성향을 만들어 내어 우리의 무제한적인 이기심을 자율적으로 제한할 수 있다면, 이보다 더 깊고 지속적인 강제력은 없을 것이다. 그러한 역할을 할 수 있는 것이 바로 윤리와 도덕이다. 즉 윤리와 도덕은 개인의 인격함양에도 중요하지만 사회의 분열을 방지하고 협력을 증진시키는 역할도 한다는 것이다.

도덕은 다양한 요소들로 이루어지지만 그중에서도 가장 중요한 덕목은 정직일 것이다. 사회의 구성원들이 서로 신뢰할 수 있는 사회는 개개인이 모두 정직해야만 만들어질 수 있다. 내가 정직하고 다른 사람들도 정직하다면 그 사회를 살아가는 사람들은 서로 신뢰할 수 있을 것이다. 그런데 작은 모임이든 사회든 국가든 그 구성원들이 정직하지 않다면, 연대감이나 공감대를 형성하기가 어렵고 따라서 건강한 조직으로 발전할 수 없다.

국가차원에서는 부패를 척결하고 투명성을 높여야 한다. 오늘날 개발도상국이 지닌 경제적 낙후성의 근본원인은 부패에서 나온다. 실제로 국제투명성기구(Transparency International)에 따르면 소득수준이 높은 선진국일수록 청렴도 역시 높았다. 이는 부패가 단순히 사회에 악영향을 끼치는 것을 넘어 경제를 후퇴시키는 요인으로도 작용하고 있다는 것을 입증하고 있는 것이다. 이렇게 볼 때 우리 경제사회를 신용사회로 만들고 나아가 경제적으로도 성숙시켜 나가기 위해서는 개개인 모두가 정직해야 한다는 결론이 나온다. 이는 원만한 국제관계를 형성해 나가는 데 있어서도 마찬가지다. '정직은 최상의 방책이다(Honesty is the best policy)'라는 속담이 있듯이 정직이야 말로 세상을 살아가는 데 있어 가장 중요한 덕목이자 방책이 아닐까?

다음으로 중요한 덕목은 배려와 나눔이라 할 것이다. 배려의 기본 속성은 상대방의 입장에서 생각하고 행동하는 데 있다. 사람들과의 원활한 소통을 위해서도 따뜻한 언어와 격려 그리고 사랑이 필요하며, 베풀고 배려하는 마음가짐이 중요하다. 배려는 사소한 관심에서 출발한다. 역지사지(易地思之)의 자세로 상대방의 입장을 헤아리다 보면 배려의 싹이 트는 것이다.

배려는 또 나눔으로 나타난다. 나눔은 주위에 끊임없이 따뜻한 관심을 가질 때 가능하다. 나눔은 관심으로부터 시작되어 실행으로 옮겨지기 때문이다. 그런데 나눔이란 꼭 돈이 많아야 가능한 것은 아닐 것이다. 자신의 지식, 경험이나 갖고 있는 재능을 나눌 수도 있다. 그리고 시간을 나눌 수도 있고, 시선을 나눌 수도 있고, 생각을 나눌 수도 있고, 마음을 나눌 수도 있을 것이다. '기쁨을 나누면 배가 되고, 슬픔은 나누면 반이 된다'는 이야기가 있듯이 기부와 나눔과 같은 선행을 베푸는 활동은 모든 사람에게 긍정적인 결과를 낳게 된다. 아무리 물질적으로 풍요로운 사회라 하더라도 이 나눔과 배려의 정신이 부족하면 그 사회는 행복하지 않다.

다가올 인공지능의 시대에서도 가장 중요한 인간의 자질요소는 다름 아닌 바른 윤리관과 인성이다. 인공지능의 시대에서는 소위 '똑똑함'의 바로미터로 여겨지는 논리와 추론 능력, 수학적 사고력 등은 도저히 인간이 기계를 따라갈 수가 없게 된다. 아울러 일방적 주입식 교육을 통해 습득한 지식들은 더 이상 쓸모가 없을 것이다. 이에 반해 좋은 인성이란 어느 시대 어떤 환경에서도 그렇지만 인공지능 시대에는 더욱 필요하고 중요한 덕목이 될 것이다. 이는 만약 권력자가 인공지능을 악용해서 국민들의 삶을 감시하고 지배하는 '빅브라더'로 군림하려 들거나, 또는 영화에서 보 듯이 사악한 천재 과학자가 킬러로봇을 만들어 악행을 저지른다면 인공지능은 인류에게 행복이 아니라 재앙이 될 수도 있기 때문이다.

이런 관점에서 앞으로 인성과 높은 윤리관은 권장만 하는 덕목이 아니라 필수로 갖춰야 할 실력이 될 것이다. 즉 실력의 요소로는 전문지식과 스펙보다도 협업과 공감, 예절과 같은 인성역량이 더 중요해 질 것이라는 이야기다. 이는 인간이 만드는 인공지능이 윤리성을 갖추고, 또 인간이 인공지능에 지배당하지 않기 위해서도 그렇다. 만약 윤리성이 희박한 사람이 킬러로봇이나 사이코패스 인공지능을 개발해낸다면 인간사회는 로봇에 의해 초토화되고 말 것이다.

지금 세상은 무너져가는 도덕과 윤리의 타락으로 인해 가정이 파탄나고 사회와 국가가 와해되며 국제간 분쟁이 심화되고 있다. 이를 방치할 경우 말세가 가까워지고 결국 지구 종말이 찾아들 것이다. 따라서 우리는 한시바삐 도덕을 재무장하고 윤리의식을 고취시켜 나가야 한다. 이는 윤리와 도덕규범은 사람들이 정직과 신뢰, 협력의 규범을 따르게 하며 일탈자를 응징함으로써 사회의 기강을 바로세우는 역할을 수행하기 때문이다. 아울러 국제협력을 증진시키는 기반이 되기도 한다.

한편, 이 도덕과 윤리의 제고를 위해서는 제대로 된 인성교육이 기반이 되어야 한다. 인성교육이란 마음의 바탕이나 사람의 됨됨이 등의 성품을 함양시키기 위한 교육으로, 지(知), 정(情), 의(意)를 조화롭게 발달시키는 것을 목표로 한다. 이는 나아가 개인적인 자아실현을 위한 가치교육이자 사회생활을 하면서 더불어 살아가기 위한 도덕교육이기도 하다.

그런데 이 인성교육은 가정에서부터 먼저 시작되어야 한다. 참다운 인성을 갖춘 사람으로 키우는 데는 물론 학교에서의 인성교육도 중요하지만 어렸을 때부터 가정에서의 밥상머리 교육이 더 중요하다. 행복한 삶의 근원은 가정이기 때문이다.